어린이 조선왕조실록 편찬위원회 글 | 전병준 그림
한국역사연구회 추천 및 감수

주니어김영사

《어린이 조선왕조실록》을 읽는 어린이들에게

자랑스러운 민족 문화를 깨닫는 첫걸음

 우리가 조상들의 삶을 알 수 있는 것은 우리에게 남아 있는 유물과 유적을 보고서 가능하지요. 그 중에서도 글로 남아 있는 책은 정말 소중한 역사 유물입니다.

우리나라 역사에 관심을 갖게 되면, 조상들이 훌륭한 민족 문화를 지켜 온 것에 대해 저절로 자랑스러운 마음이 생기고 뿌듯해진답니다. 만일 조상이 잘못한 점을 발견하게 되더라도, 우리는 다시 그런 잘못을 되풀이하지 않도록 조심하면 됩니다.

이러한 점에서 이번에 새롭게 엮은 《어린이 조선왕조실록》은 어린이들이 우리 역사에 관심을 가질 수 있도록 알기 쉽게 꾸몄어요. 《어린이 조선왕조실록》은 조선 27대에 걸친 왕들이 나라를 다스릴 때에 일어났던 일을 중심으로 엮은 거예요.

《어린이 조선왕조실록》을 통해서 조선 시대 사람들이 어떻게 살았고, 무슨 생각을 했는가를 알게 될 거예요. 그것이 바로 우리의 자랑스러운 민족 문화를 깨닫는 첫걸음입니다. 아울러 우리의 역사를 이해하면서 우리의 마음과 눈은 좀 더 넓어지고 깊어질 겁니다.

어린이 조선왕조실록 편찬위원회

인물의 삶으로 읽는 역사의 큰 흐름

우리는 현재를 살고 있으며, 마땅히 현재에 충실한 삶을 가꿔야 합니다. 그런데 현재는 홀로 존재하는 것이 아니라, 과거와 떼려야 뗄 수 없는 밀접한 관계입니다. 따라서 과거, 즉 역사를 알아야 비로소 현재를 온전하게 살아갈 수 있어요. 그런데 역사를 따분하고 어렵게 생각하는 어린이들이 많아서 우리나라 역사에 대해 제대로 알지 못하는 어린이들이 많아요.

이번에 주니어김영사에서 출간한 '처음 읽는 우리 역사' 시리즈는 주요 역사서를 기본 토대로 인물 중심으로 역사를 구성했어요. 인물을 중심으로 한 구성은 인물의 삶에 동화되어 역사의 흐름을 실감나게 느끼도록 해 주지요. 게다가 인물의 삶에 드러난 역사의 흐름을 조목조목 짚어 주어, 어린이들도 쉽게 역사적인 사실을 알 수 있습니다.

어린이들이 이 시리즈를 통해 역사에 더욱 가까이 다가가고, 그로 인해 모든 사람들의 노력이 결실을 맺으리라 믿습니다.

한국역사연구회

 어린이 조선왕조실록 2

- 조선왕조실록에 대하여 8

| 제6대 | 어린 나이에 왕위에 오른 **단종**

　　12세에 왕위에 오르다 10
　　수양 대군, 김종서를 없애다 16
　　단종, 왕위를 물려주다 23

| 제7대 | 많은 업적을 남긴 **세조**

　　수양 대군, 왕이 되다 26
　　사육신, 죽음으로 선왕의 뜻을 받들다 30
　　생육신, 살아서 절개를 지키다 47
　　단종, 청령포에서 사약을 받다 52
　　이시애가 반란을 일으키다 56
　　세조, 뛰어난 업적을 남기다 61

| 제8대 | 일찍 세상을 떠난 **예종**

직전수조법을 만들다 _64
남이 장군, 모함을 당하다 _66

| 제9대 | 새롭게 문화 부흥을 이룬 **성종**

문화 진흥에 힘쓰다 _72
중국에 갔다 온 경험을 책으로 남기게 하다 _78
《경국대전》을 완성하다 _83

| 제10대 | 놀이에 빠지고 횡포를 일삼은 **연산군**

폭군이 되다 _90
조의제문 때문에 무오사화가 일어나다 _93
갑자사화가 일어나다 _96
홍길동이 이야기로 살아나오다 _101

• 역사 옹달샘 **조선 시대의 궁중 생활**

동궁마마가 왕이 되기까지 _108
왕의 생활 계획표 _110
조선 시대 왕과 왕비의 옷 _112
궁중에서 먹는 음식 _114
궁궐의 살림꾼, 궁녀 _116
궐내 각사를 움직이는 관리들 _118

하나, 《조선왕조실록》은 어떤 책인가요?
둘, 《조선왕조실록》은 어떻게 만들어졌나요?
셋, 《조선왕조실록》은 어떻게 보관했나요?
넷, 《조선왕조실록》은 어디에서 보관했나요?
다섯, 지금은 《조선왕조실록》이 어디에 있나요?

둘, 《조선왕조실록》은 어떻게 만들어졌나요?

 조선 시대에는 사관이라는 관원이 기록을 담당했어요. 사관은 여러 회의에 참석하여 왕과 신하들이 나랏일을 논의하고 처리하는 것을 사실대로 적었어요. 그리고 사실에 덧붙여 일에 대한 평가, 인물에 대한 비평, 사관만이 알 수 있는 일들을 소신껏 기록했어요.

 그런데 사관들은 기록하는 데 간섭을 받지 않았어요. 왕이라 해도 실록을 함부로 볼 수 없도록 했기 때문이에요.

 실록을 만들 때는 사관이 기록하여 둔 자료가 가장 중요했지요.

 실록은 대개 왕이 세상을 떠난 후, 다음 왕 때에 전왕의 실록을 만들었어요. 역사를 담당하는 관청이었던 춘추관에 실록청을 새로 설치하고 글 솜씨가 좋은 관원을 뽑아 실록을 만들기 시작했지요.

 가장 먼저 하는 일은 사초(사관이 기록해 둔 처음의 원고), 시정기(사관이 나랏일 가운데 역사에 남을 만한 자료를 추려서 적은 기록) 등의 자료를 모으는 거예요. 《승정원일기》, 《의정부등록》, 《비변사등록》, 《일성록》, 그리고 조정의 신문이라고 할 수 있는 〈조보〉, 개인의 문집 등도 참고했어요.

모아진 자료를 토대로 계속 고쳐 가면서 실록의 초초(초고)가 만들어지면 도청으로 넘깁니다. 여기에서 필요한 내용은 덧붙이고, 중요하지 않은 내용은 빼고 잘못된 것은 고치면서 초초를 다듬어요. 이렇게 만들어진 것을 중초라고 해요. 중초가 완성되면 다시 총재관과 도청당상이 중초에서 잘못된 것을 고치고, 실록의 체재와 문장을 통일합니다. 이렇게 만들어진 원고를 정초라고 합니다. 이 정초가 실록의 원본이 되지요.

이렇게 실록이 완성되면 왕에게 보고한 뒤 사고에 보관하게 됩니다. 완성된 실록을 보자기로 싸서 궤짝 안에 넣어 사고에 쌓아 두지요. 사고는 책들을 잘 보관하도록 바람이 잘 통하게 만들었어요.

그러면 실록에 들어갈 자료로 썼던 초초나 중초는 어떻게 할까요? 실록이 완성되면 초초나 중초는 물에 씻어서 내용이 남아 있지 않게 했어요. 아무도 볼 수 없게 하기 위해서였지요. 이를 세초라고 했어요. 이 종이는 말린 뒤 다시 썼어요.

제6대
어린 나이에 왕위에 오른 단종

왕은 단종이었지만 나라를 다스리는 사람은 수양 대군과 그를 따르는 신하들이었습니다. 단종은 목숨에 위협을 느끼며 왕의 자리를 수양 대군에게 내놓았습니다.
● 재위 기간(1452~1455)

12세에 왕위에 오르다

 문종의 뒤를 이어 단종이 12세의 나이로 왕위에 올랐습니다. 단종은 태어난 지 이틀 만에 어머니를 여의고, 12세에 아버지 문종마저 여의었습니다. 할아버지, 할머니도 이미 세상을 떠나고 없었습니다. 이 때문에 단종은 수렴청정(나이 어린 왕이 즉위했을 때 어른이 될 때까지 왕의 어머니나 할머니가 발을 내리고 그 뒤에서 나랏일을 대신하는 것)을 해 줄 사람이 없었습니다. 단종에게는 뒤를 받쳐 줄 만한 왕실의 어른이 없는데,

세종의 아들이며 숙부인 수양 대군과 안평 대군 같은 종친(왕의 친족)들의 세력은 날이 갈수록 커지고 있었습니다.

왕권에 욕심이 있었던 수양 대군은 일찍부터 온 나라 안의 책략가들과 힘깨나 쓰는 장사들을 불러 모았습니다. 그래서 수양 대군의 밑에는 지혜와 꾀를 갖춘 사람들과 실력이 좋은 무사들이 많이 있었습니다.

그 중에서도 특히 권람이라는 사람이 수양 대군의 손과 발처럼 일하고 있었습니다. 예전에 문종은 권람에게 수양 대군을 도와 《역대병요》를 펴내게 했습니다. 그 일을 계기로 권람과 수양 대군이 가깝게 지내게 된 것입니다.

권람은 문종 1년(1451)에 치러진 과거에서 장원 급제를 한 사람이었습니다. 권람은 훗날 수양 대군이 왕위에 올랐을 때 좌의정에 오르고 그 뒤 부원군까지 되었습니다.

수양 대군이 왕위에 오르는 데 큰 공을 세운 또 한 사람은 한명회입니다. 한명회는 7개월 만에 태어난데다가 생김새가 괴이해서 30세가 넘도록 장가를 들지 못했습니다. 한명회를 선뜻 사위로 삼으려는 사람이 없었기 때문입니다.

그런 한명회를 권람이 수양 대군에게 추천했습니다. 한명회는 문종 2년(1452) 음보(조상의 덕으로 그 자손이 과거를 보지 않고 벼슬길에 오르는 것)로 경덕궁에서 일을 하고 있었습니다.

권람이 문종의 명령으로 책을 만드는 일을 하고 있을 때였습니다. 권람은 병이 나서 온천에 다녀오려고 집으로 돌아왔는데, 얼굴이 오종종하고 사팔눈인 한 청년이 권람을 기다리고 있었습니다. 바로 한명회였습니다. 한명회는 마음 속에 숨긴 뜻을 권람에게 넌지시 비추었습니다.

"요즘 세상을 둘러보면 왕은 어린데 범 같은 대군들이 웅크리고 있어, 백성들 사이에 떠도는 소문이 매우 어지럽습니다. 이런 때에 큰일을 하시려는 분이 어찌 이리 한가하십니까? 듣자하니 수양 대군은 아는 것이 많고 용맹스럽다기에 제가 뜻한 바 있어 이렇게 찾아왔습니다. 그러니 저와 함께 수양 대군을 모시고 큰일을 해 보지 않으시렵니까?"

권람은 한명회의 말이 자신의 생각과 같아 놀랍고 기뻤으나, 일단은 이런저런 말을 걸며 그의 속을 떠보았습니다. 권람은 곧 한명회의 조리 있고 뛰어난 말솜씨를 보고 한명회가 대단한 실력을 갖춘 모사가(남을 도와 꾀를 내는 사람)임을 알 수 있었습니다.

권람은 한명회를 수양 대군에게 추천했습니다. 수양 대군도 이리저리 시험해 보니 한명회는 과연 놀라운 실력을 가진 사람이었습니다.

수양 대군은 한명회를 후하게 대접하면서 곁에 두었습니다.

"그대야말로 나의 머리 노릇을 할 장자방이다."

장자방이란 옛날 중국의 초나라와 한나라가 싸울 때, 한나라의 고조 유방을 도와 천하를 통일한 유명한 모사가 장량을 말합니다. 자방은 장량의 자(본이름 외에 부르는 이름)입니다.

과연 그 말대로 한명회는 수양 대군을 도와 수양 대군이 왕위에 오르는 데 큰일을 했습니다. 그리고 세조 2년(1456)에는 성삼문 등 사육신의 단종 복위(왕이나 왕비의 빼앗겼던 자리를 다시 찾는 것) 운동을 막고 사육신을 죽이도록 했습니다. 이 공으로 한명회는 좌승지 등을 거쳐 병조 판서에 오르고, 상당군에 봉해졌다가 세조 7년(1461)에는 상당 부원군이 되었습니다. 뿐만 아니라 우의정, 좌의정을 거쳐 세조 12년(1466)에는 최고의 관직인 영의정의 자리에까지 올랐습니다. 그리고 한명회의 딸들은 훗날 예종과 성종의 왕비가 되었습니다.

세조가 왕위에 오르는 데 큰 도움을 준 공신에는 홍윤성이라는 사람도 있었습니다. 홍윤성은 남달리 체력이 뛰어나고 머리가 좋아 수양 대군의 눈에 띄게 되었습니다.

홍윤성은 가난한 농부의 아들로 태어났습니다. 홍윤성은 과거를 보려고 한양에 왔다가 마침 강에 배를 띄우고 놀고 있는 수양 대군과 마주쳤습니다. 수양 대군이 권하여 함께 술과 음식을 먹었는데, 홍윤성은 한 말의 술과 열 근의 고기를 먹고도 끄떡없었습니다. 수양 대군은 홍윤성의 먹성과 겁을 주어도 꿈쩍 않는 배포에 감탄하여 곁에 두기 시작했습니다.

이렇게 수양 대군의 주위에는 글 잘 하고 힘 잘 쓰는 사람들이 온 나라에서 모여들었습니다. 이 사람들에게는 수양 대군이 왕보다 더 귀한 사람이었습니다. 당연히 이 사람들은 수양 대군의 말이라면 무엇이든지 할 각오가 되어 있었습니다.

수양 대군, 김종서를 없애다

선왕(문종)의 고명(사람이 죽기 전에 유언으로 뒷일을 부탁하는 것)을 받고 단종을 도와 나랏일을 보던 대신들의 세력은 무척 컸습니다. 그 중에서도 좌의정 김종서는 일찍이 세종의 명을 받고 북방의 6진을 개척한 인물로 단종을 극진히 보살폈습니다. 김종서는 국경을 어지럽히는 여진족을 물리쳤으며, 호랑이 정승이라고 불릴 정도로 무예 실력이 뛰어난 대신이었습니다.

수양 대군이 왕이 되기 위해서는 무엇보다 먼저 김종서를 없애야 했습니다.

단종 1년(1453) 10월 10일 새벽, 수양 대군은 권람, 한명회, 홍달손을 은밀히 불러 뜻을 전했습니다.

"오늘 드디어 내가 한 가지 결심을 했다. 요망한 도적을 몰아 내고 어지러워진 나라를 바로잡으려고 한다. 내가 깊이 생각해 보니 간사하고 교활한 자로는 김종서만한 자가 없다. 내 곧장 김종서의 집으로 가 그자의 목을 베고 도적의 무리를 치고자 한다. 그대들은 어떻게 생각하는가?"

수양 대군과 한명회 등은 김종서를 죽이고, 정권을 손에 쥘 계책을 짠 뒤 저녁에 다시 수양 대군의 집에 모이기로 하고 일단 헤어졌습니다.

초저녁이 되어 어둠이 깔리기 시작하자, 수양 대군은 무사 몇 명만 데리고 말을 몰아 새문(서쪽에 지은 돈의문의 다른 이름. 지금의 광화문과 서대문 사거리 사이에 있었음) 밖에 있는 김종서의 집으로 갔습니다. 수양 대군을 따르는 무사들은 칼을 가슴에 품고, 철퇴를 숨기고 만일의 사태에 대비했습니다.

수양 대군이 김종서의 집 앞에 이르렀을 때, 김종서의 아들 김승규는 다른 선비들과 이야기를 나누고 있었습니다. 수양 대군은 김승규에게 김종서를 불러 달라고 했습니다. 김승규가 집 안으로 들어가 김종서에게 알렸습니다.

"수양 대군의 무리가 많으냐, 적으냐?"

김종서는 나갈 채비를 하며 아들에게 물었습니다.

"아버님, 단지 몇 명의 무사들만 데리고 있을 뿐입니다."

"수양 대군의 무리가 많다면 모두 활로 쏘아 죽여야 할 것이나, 몇 명뿐이라니 내가 나가 맞이해야겠구나. 다들 정신 똑바로 차리고 있어라."

김종서는 수양 대군을 매우 경계하고 있었기 때문에 칼을 뽑아 방에 두고, 수양 대군을 맞으러 밖으로 나갔습니다.

한참 만에 김종서가 나오자 수양 대군은 짐짓 웃으며 말을 했습니다.

"정승의 사모(조정의 신하들이 평상시에 일할 때 입는 관복에 쓰던 모자)뿔 좀 빌립시다. 내가 어디를 가다 보니 사모뿔이 하나 떨어졌구려. 그래서 돌아갈까 하다가 좌의정 댁이 여기라고 하여 뿔을 하나 빌리려고 들렀소."

 김종서는 속으로 의심이 들면서도 사모뿔을 뽑아 수양 대군에게 건넸습니다. 김종서의 곁에는 김종서를 호위하는 무사들이 바짝 붙어 있었습니다. 수양 대군은 호위 무사들을 물리치기 위해 말했습니다.

 "내 정승께 비밀스러운 청이 있으니 너희들은 물러가라."

 김종서의 무사들은 선뜻 명령에 따르지 않았습니다. 김종서가 괜찮다고 손짓하자 그제야 물러났지만, 멀리 가지 않고 주변에 머물렀습니다.

 "내 정승께 또 한 가지 청이 있소. 여봐라, 얼른 정승께 편지를 드려라."

 수양 대군을 따라온 무사 하나가 김종서에게 편지를 가져왔습니다. 날이 어두워 글이 잘 보이지 않았습니다. 김종서는 편지를 달에 비춰 보려고 뒤로 물러섰습니다.

 바로 그 때 수양 대군이 신호를 보냈습니다.

그러자 몸을 감추고 있던 무사가 잽싸게 나타나 김종서를 철퇴로 쳤습니다. 김종서가 땅에 쓰러지자 김승규가 놀라서 김종서 위에 엎드렸습니다. 순간 양정이 품고 있던 칼을 뽑아 김승규를 쳤습니다.

김종서를 쓰러뜨린 수양 대군은 말머리를 돌려 돈의문을 거쳐 곧장 대궐로 들어갔습니다.

대궐 문을 지키는 입직 승지 최항은 이미 수양 대군의 사람이 되어 있었기 때문에 순순히 대궐 문을 열고 수양 대군을 맞았습니다. 대궐 안으로 들어온 수양 대군은 자고 있는 단종을 깨우게 한 뒤 아뢰었습니다.

"전하, 좌의정 김종서가 황보인 등과 뜻을 같이하여 안평 대군을 왕으로 모시려고 했기에 그 무리를 없앴나이다."

어린 왕은 수양 대군의 말에 너무도 놀라 사시나무 떨듯이 몸을 떨었습니다.

"전하, 아무 염려 마십시오. 신이 전하가 무사하시도록 군사들을 배치하겠습니다."

수양 대군은 이렇게 아뢴 뒤, 왕명이라면서 심복 무사들을 불러 금군(말을 타고 다니면서 왕궁을 지키고, 왕을 호위하고 경비하던 군사)을 이끌고 중요한 곳마다 지키게 했습니다. 그러고는 왕명으로 영의정을 비롯한 여러 신하들을 불렀습니다.

느닷없이 자다가 명을 받은 신하들은 급하게 대궐로 들어왔습니다. 그 때 대궐의 두 번째 문 안에서는 한명회가 살생부를 들고 기다리고 있었습니다. 살생부에 죽여야 할 사람은 '살(殺;죽일 살)'자로, 살려야 할 사람은 '생(生;살 생)'자로 미리 표시해 두었던 것입니다.

'생'자로 표시된 신하는 무사히 대궐 문을 지날 수 있었습니다. 그러나 '살'이라고 적힌 신하는 첫 번째 문에서 뒤따르던 종을 떼어 버리게 하고, 두 번째 문에서 철퇴로 내리쳐 죽였습니다.

한편, 죽은 줄 알았던 김종서는 다행히 목숨을 건져 아들의 처가에 몸을 숨기고 있었습니다. 이 사실을 안 수양 대군은 군사들을 보내 김종서를 잡아들이고 그 자리에서 베어 죽였습니다. 그리고 그의 아들과 손자들도 모두 참혹하게 죽였습니다. 이렇게 하룻밤 사이에 많은 사람이 죽었습니다. 이 사건을 계유정난이라고 합니다.

단종, 왕위를 물려주다

수양 대군은 계유정난을 통해 반대 세력을 모두 죽이고 권력을 손에 쥐었습니다. 수양 대군의 위엄과 권세는 날로 커졌습니다. 이제 그의 뜻을 조금이라도 거스르는 사람은 죽음을 면치 못했습니다. 왕은 단종이었지만 나라를 다스리는 사람은 수양 대군과 그를 따르는 신하들이었습니다.

그렇게 2년이 지났습니다. 단종은 목숨에 위협을 느끼며 왕이 된 지 3년 2개월 만에 왕의 자리를 억지로 수양 대군에게 내놓았습니다. 정인지와 같은 수양 대군을 따르는 신하들이 끊임없이 선위(지금의 왕이 다음 왕에게 왕위를 물려주는 일)할 것을 강요했던 것입니다. 단종은 정인지 등을 시켜 선위한다는 교서(왕의 뜻을 알리는 문서)를 써서 수양 대군에게 전했습니다.

선위 교서를 받은 수양 대군은 곧바로 대궐로 들어가 눈물을 지으면서 짐짓 사양했습니다. 단종이 좌우에 선 신하들에게 물었습니다.

"숙부께서 이처럼 사양하시니 내 어찌하면 좋겠소?"

그러자 권람이 한 발 앞으로 나와 말했습니다.

"전하께서 친히 옥새(나라의 문서에 찍던 왕의 도장)를 대군께 전하시는 게 마땅한 줄 아옵니다."

단종은 마음 속으로 슬퍼하며 그 말을 따랐습니다.

성삼문은 진작부터 수양 대군의 위세가 날로 커지는 것을 보고 머지않아 좋지 않은 일이 일어날 것이라고 짐작했습니다. 그러나 힘이 없는 성삼문으로서는 그저 가슴만 쥐어뜯을 수밖에 없었습니다.

그 날 성삼문은 동부승지로서 옥새를 수양 대군에게 받들어 올렸습니다. 성삼문은 너무 기가 막혀서 그만 옥새를 받든 채 소리내어 슬피 울었습니다. 세조는 기분 나쁜 눈초리로 성삼문을 노려보았지만 그 날은 그대로 덮어 두었습니다.

단종은 직접 옥새를 수양 대군에게 주며 말했습니다.

"내 어리고 아는 것이 없어 이 자리를 감당치 못하겠으니 작은아버지께서 부디 맡아 주십시오."

수양 대군은 세 번 사양하다가 못 이기는 체하며 옥새를 받았습니다.

이로써 단종은 숙부인 수양 대군에게 왕의 자리를 물려주고 말았습니다.

제7대
많은 업적을 남긴 세조

수많은 사람들을 죽이면서 왕위에 오른 세조는 마음이 편치 않았습니다. 하지만 왕이 된 뒤 세조는 나라의 안정을 위해 노력했습니다.
● 재위 기간(1455~1468)

수양 대군, 왕이 되다

수양 대군은 단종에게 옥새를 받은 날로 경복궁에서 왕위에 올라 조선의 제7대 왕 세조가 되었습니다.

세조는 단종을 상왕이라 부르게 하고 단종의 왕비 송씨와 함께 수강궁(세종이 태종에게서 왕위를 물려받은 뒤, 아버지를 위해 지은 궁)에 살게 했지만, 사실은 가둔 것이나 마찬가지였습니다. 안에서는 밖으로 나오지 못하게 하고, 밖에서는 안으로 들어가지 못하게 했습니다.

그런 다음 세조는 자신이 왕이 되는 데 큰 공을 세운 신하들의 벼슬을 올리고, 대사령을 내려 전국의 죄인들을 풀어 주었습니다. 백성들에게는 상왕께서 굳이 선위하겠다고 하여 마지못해 왕위를 받은 것처럼 알렸습니다.

세조가 왕위에 오르는 데 애를 썼던 신하들은 기뻐했습니다. 그러나 한편에서는 마음이 무거운 신하들도 있었습니다.

특히 성삼문은 울분을 참을 수가 없었습니다. 그 날도 성삼문은 울분을 달래려고 궁궐을 걷다가 경회루 쪽으로 갔습니다.

그 때, 연못 쪽에서 탄식하는 소리가 들렸습니다.

"아, 선왕의 유언을 지키지도 못하면서 살아서 무엇 한단 말인가!"

박팽년이었습니다. 그런데 그가 자꾸만 연못 가까이 걸어가는 것이었습니다. 연못에 곧 몸을 던질 것 같았습니다.

성삼문이 황급히 다가갔습니다.

"대감!"

성삼문이 부르자 박팽년이 멈춰 섰습니다.

"이렇게 죽으면 무슨 소용이 있소. 목숨을 보존하고 있다가 기회를 봐서 큰일을 해야지요."

성삼문과 박팽년은 집현전의 학사로, 세조가 하는 일이 마음에 들지 않았지만 힘이 없는지라 지켜볼 수밖에 없었습니다. 박팽년도 성삼문처럼 그 날 궁궐에서 일을 하고 있었습니다. 일을 끝내고 관사를 빠져 나오다 그만 울컥하는 마음에 목숨을 끊으려고 했던 것입니다.

성삼문이 박팽년을 잡았던 손을 풀었습니다. 두 사람은 잠시 아무 말 없이 눈물만 흘렸습니다.

박팽년이 먼저 눈물을 거두고 말했습니다.

"자네 말이 옳아. 내 생각이 짧았네."

그 뒤, 두 사람은 자신들과 뜻이 같은 사람들을 찾아다녔습니다. 그리하여 하위지, 유성원, 이개, 유응부 등을 차례로 만났습니다. 성삼문이 그들에게 말했습니다.

"우리가 지금 죽거나 관직에서 물러나면 아무 일도 못 하게 될 것입니다. 그러니 벼슬을 내놓거나 스스로 목숨을 끊지 말고 기회를 보아 상왕을 복위시키도록 합시다."

사육신, 죽음으로 선왕의 뜻을 받들다

단종을 복위시키는 데 뜻을 같이하는 사람들은 아무도 겉으로 드러내지 않고 각자의 벼슬자리에서 일을 하며 틈틈이 계책을 의논했습니다.

얼마 후 김질이라는 사람이 성삼문을 찾아와 말했습니다.

"지금 온 조정이 권세에 아부하고 이익을 탐하여 선왕의 큰 은혜와 두터운 덕을 저버리고 있습니다. 제가 죽지 못하고 구차하게 살고 있는 까닭은 뒷날을 위해서입니다. 그래서 생각다 못해 대감을 찾아왔지요. 대감은 충신이며 현명한 분이시니 마음을 털어놓고 이야기할 수 있을 것 같습니다."

김질의 눈에서는 눈물이 비 오듯 흘러내렸습니다. 김질의 지극한 충성심에 성삼문은 크게 감격했습니다. 성삼문은 김질의 손을 잡고 그 동안 다른 충신들과 의논했던 일을 모두 말했습니다.

그 뒤로도 그들은 자주 모여 앞으로의 일을 의논했습니다. 그 때마다 유응부는 무장답게 말했습니다.

"일을 질질 끌면 탄로날 수 있으니 어서 시작해야 합니다."

그러나 성삼문은 신중하게 말했습니다.

"아직은 때가 아닙니다. 좋은 기회가 올 때까지 기다려 봅시다."

마침내 기회가 왔습니다. 명나라에서 온 사신(왕명을 받들고 외국이나 지방에 나가는 신하)이 돌아가는 날, 세조가 상왕(단종)과 함께 사신을 전송하는 의식에 나가게 되었던 것입니다. 성삼문과 뜻을 같이하는 신하들은 이 의식이 진행될 때 세조를 죽이기로 계획했습니다.

그들은 성삼문의 아버지 성승과 유응부가 운검(왕의 뒤에서 왕을 보호하기 위해 칼을 들고 서 있는 사람)으로 서 있다가 틈을 보아 세조를 벤 다음 정인지, 권람, 한명회 등 그 심복들을 일제히 무찌르기로 했습니다.

그런데 일이 공교롭게 꼬였습니다. 막상 그 시간이 되자 세조가 다른 명을 내린 것입니다.

"오늘은 날씨가 덥고 장소도 좁으니 운검은 들이지 마라."

그것은 성삼문 등의 행동을 수상하게 본 한명회가 조용히 세조에게 아뢰어 운검을 들이지 못하도록 했기 때문이었습니다.

기회가 사라지자 성삼문과 뜻이 같은 신하들은 매우 안타까워했습니다. 유응부가 주먹을 휘두르며 말했습니다.

"어차피 일이 이렇게 되었으니 지체하지 말고 계획을 행동으로 옮깁시다. 내 이 주먹 하나만으로도 일을 처리할 수 있소."

그러나 이번에도 다른 때처럼 성삼문이 말렸습니다.

"좀 더 기다려 봅시다. 괜히 나섰다가는 나서지 않느니만 못할 수 있습니다."

그런데 본래 마음이 약한 김질은 일이 순조롭게 풀리지 않자 덜컥 겁이 났습니다. 김질은 고민 끝에 장인인 의정부 우찬

성 정창손을 찾아갔습니다.

"장인어른, 성삼문이 상왕을 복위시키기 위해 오늘 큰일을 벌이려고 했는데 잘 되지 않았습니다. 성삼문과 뜻을 같이하는 자들은 신숙주, 권람, 한명회 같은 무리를 먼저 없애려고 했습니다. 그리고 '그대의 장인은 모든 이가 정직하다고 인정하는 사람이니 이러한 때에 일어나서 상왕을 다시 세운다면 그 누가 따르지 않겠는가? 정창손 어른을 영의정으로 모실 생각일세.'라고 했나이다."

성삼문 일파와의 일을 모두 들은 정창손은 크게 놀랐습니다.

"뭐야? 나도 모르는 사이에 나를 영의정에 앉히려 했다는 말인가?"

정창손은 더 이상 자신이 휘말리기 전에 세조에게 알려야겠다고 생각했습니다. 정창손은 사위 김질과 함께 경복궁 사정전으로 갔습니다.

세조는 이야기를 들은 즉시 성삼문을 잡아들여 직접 심문을 했습니다.

"네가 김질과 무슨 의논을 하였느냐?"

성삼문은 하늘을 우러러보며 잠시 그대로 있다가 입을 열었습니다.

"김질을 만나게 해 주십시오. 그 사람을 보면 말하겠습니다."

세조가 김질을 불렀습니다. 김질은 성삼문 일파가 의논했던 이야기를 꺼내기 시작했습니다. 말이 채 끝나기도 전에 성삼문이 소리쳤습니다.

"다 말하지 마라."

세조는 크게 노하여 성삼문을 옥에 가두고 나머지 다섯 사람인 박팽년, 유응부, 유성원, 하위지, 이개를 잡아들이게 했습니다.

곧 형구가 갖추어지고 무서운 국문이 시작되었습니다.

먼저 성삼문이 끌려나왔습니다.

세조가 물었습니다.

"너는 나를 안 지가 오래 되었고, 나 또한 너를 매우 후하게 대접했다. 어찌하여 나를 배반하고 역적모의를 했느냐?"

성삼문이 목소리를 가다듬고 대답했습니다.

"상왕을 다시 왕위에 오르게 하는 것이 어찌 반역이란 말이오? 상왕께서 아직 젊으신데 나리(왕족과 같은 높은 사람을 부르던 칭호)에게 왕위를 빼앗겼으니, 다시 복위시키는 것이 신하 된 자의 도리가 아니겠소?"

이 말을 들은 세조는 화가 머리끝까지 났습니다.

"너는 지금 나를 왕이라 부르지 않고 나리라고 불렀다. 나의 녹(벼슬아치들에게 한 해 동안 일한 대가로 주던 곡식, 가죽, 돈 등을 통틀어 이르는 말)을 먹고 있으면서 나를 왕으로 섬기지 않으니 반역이 아니고 무엇이란 말이냐?"

성삼문이 말했습니다.

"내가 섬긴 왕은 오로지 상왕이었소. 내 벼슬을 버리고 싶었으나 상왕의 곁을 떠날 수 없어 벼슬을 붙들고 있었을 뿐이오. 그리고 나리가 준 녹은 먹지도 않았소. 믿지 못하겠거든 내 집을 뒤져 보시오."

그러고 나서 성삼문은 이렇게 덧붙였습니다.

"하늘에 두 개의 태양이 있을 수 없듯이 나라에 두 왕이 있어서는 안 되오. 그래서 나리를 죽이려고 한 것이오. 그러니 어서 나를 죽여 주시오."

세조는 성삼문을 단근질(죄인의 살갗을 불에 달군 쇠로 지지던 형벌)하라고 명령했습니다. 그러나 성삼문은 조금도 기가 죽지 않고 오히려 더 또렷하게 말했습니다.

"나리의 형벌이 너무 참혹하오이다. 아무리 해도 굴복할 내가 아니니 이제 그만 죽여 줌이 어떻겠소?"

성삼문은 세조를 쏘아보았습니다. 그런데 문득 신숙주가 세조의 곁에 앉아 있는 것이 보였습니다. 성삼문은 소리 높여 꾸짖었습니다.

"네 이놈 숙주야! 내 너와 함께 집현전에 있을 때 세종께서 당부하셨던 말씀이 지금도 귓가에 생생한데, 너는 정녕 벌써 잊었단 말이냐? 세종께서는 상왕(단종)을 가리키시며 '내가 죽은 뒤 그대들이 이 아이의 뒷바라지를 해 주오.'라고 하셨다. 네가 이렇게 의리를 모르는 비열한 인간이 되리라고는 상상도 못 했다. 네 장차 죽어서 무슨 면목으로 먼저 세상을 뜨신 왕들을 뵈올 것이냐?"

신숙주는 부끄러워 고개를 들 수가 없었습니다. 세조는 신숙주를 안으로 들여보내 자리를 피하게 해 주었습니다.

성삼문은 살가죽이 한 곳도 성한 곳이 없을 만큼 고문을 당하다가 큰칼을 쓰고 옥에 갇혔습니다. 그리고 나머지 사람들의 국문이 끝난 뒤에 함께 수레에 실려 새남터 형장으로 보내졌습니다. 그러한 중에도 성삼문은 태연한 기색으로 주위의 사람들을 돌아다보며 말했습니다.

"그대들은 새 왕을 도와 세상을 태평하게 하라. 나는 옛 왕을 뵈러 저세상으로 간다."

성삼문이 실려 가는 수레를 그의 여섯 살 난 딸이 슬피 울며 따라왔습니다.

"아버지! 아버지!"

성삼문이 자신의 딸을 바라보며 말했습니다.

"오, 울지 마라. 사내자식은 다 죽을 것이나 너는 여자이니 죽이지는 않을 것이니라."

성삼문의 어린 딸은 수레를 따라가다가 잠시 어딘가로 갔습니다. 잠시 후 나타난 성삼문의 딸은 물을 쏟을까 조심하며 물바가지를 들고 왔습니다.

아버지가 목이 마를 것이라고 생각했던지 고사리 같은 손으로 물 한 그릇을 떠 온 것이었습니다. 성삼문의 어린 딸은 수레의 창살 사이로 물그릇을 넣어 아버지에게 주었습니다. 어린아이가 하는 일이라 감시하는 군졸들도 못 본 척했습니다.

성삼문은 그 물을 달게 마시고는 눈물을 글썽이며 시 한 수를 읊었습니다.

님이 주신 밥을 먹고
님이 주신 옷을 입었으니
일평생 한 마음을 어길 수 있으리.
한 번 죽음이 충의인 줄 아니
현릉(문종의 능)의 푸른 솔이 꿈 속인 듯 보이네.

성삼문이 죽은 뒤에 집을 뒤져 보니 부엌에는 쌀 한 톨 없고, 방은 오랫동안 불을 때지 않은 듯 차가운데다가 바닥에는 대자리가 깔려 있을 뿐이었습니다. 그런데도 곳간에는 세조에게서 녹으로 받은 쌀이 고스란히 쌓여 있었습니다.

성삼문 다음으로 박팽년이

국문을 받았습니다. 박팽년은 형조 참판이었습니다. 박팽년 또한 성삼문처럼 세조를 나리로 부르면서 끝내 굴복하지 않았습니다. 세조는 박팽년의 재주가 아까워 조용히 사람을 보내 달랬습니다.

"네가 마음을 돌려 나를 받든다면 오래도록 부귀영화를 누릴 것이니라."

그러나 박팽년은 뜻을 굽히지 않고 모진 고문을 받다가 형장으로 끌려갔습니다. 그 때 그를 호송하던 금부도사가 말했습니다.

"참 고집도 어지간히 세십니다. 잠깐만 그 고집을 꺾으면 온 집안이 살고 평생 부귀영화를 누리실 터인데, 무슨 고집을 그리 심하게 부리십니까?"

그러자 박팽년은 벌컥 화를 내며 대답했습니다.

"더럽게 사느니 깨끗이 죽는 것이 나으니라."

박팽년의 아우와 아들 역시 모두 죽음을 당하고 말았습니다. 그런데 박팽년 집의 종이 자신의 아들과 박팽년의 아들을 바꿔 박팽년의 아들을 살렸다는 기록도 있습니다.

다음은 하위지였습니다. 하위지도 예조 참판을 지냈지만 세조가 준 쌀은 한 톨도 먹지 않고 곳간에 쌓아 두었습니다.

하위지는 고문을 당하면서 조금도 괴로워하는 빛을 보이지 않으며 세조에게 말했습니다.

"나리는 무슨 의리를 그리 지켰기에 나에게 역적이라 하시오? 역적이면 죽이면 그뿐이거늘, 이렇게 혹독한 고문을 하는 까닭이 무엇이오?"

그러고 나서 입을 다물고 한 마디도 대답하지 않다가 죽음을 당했습니다. 하위지는 아들이 둘 있었는데 맏이가 열여섯 살이고, 둘째는 열네 살이었습니다. 금부도사가 오자 두 아들은 어머니 앞에 무릎을 꿇고 엎드려 말했습니다.

"아버지께서 극형을 당하시는데 어찌 그 자식이 살기를 바라겠습니까? 이제 어머님께 작별 인사를 올리오니 어머님, 부디 슬픔을 참으십시오. 그리고 아직 시집 못 간 누이와 함께 종이 될 것이오나 지조를 지켜 의롭게 살아 주시기 바랍니다."

그리고 두 번 절한 다음 형리를 따라서 조용히 형틀에 올라가 죽었습니다.

대사성(조선 시대, 서울에 있던 교육 기관인 성균관의 으뜸 관직)이었던 유성원은 모의가 탄로나 국문이 시작되던 날 성균관에 있다가 그 소식을 들었습니다. 유성원은 급히 집으로 돌아와 부인에게 이별의 인사를 한 다음 사당으로 들어갔습니다. 그 안에서 오랫동안 나오지 않아 집안 사람들이 들어가 보니 유성원은 관복을 입은 채 칼로 배를 찔러 죽어 있었습니다. 금부도사는 유성원의 시체를 가져다가 형을 집행했습니다.

이개는 어릴 때 신동으로 이름을 떨쳤습니다. 집현전의 학사인 이개는 몸이 무척 약해 옷의 무게를 이기지 못할 정도였습니다. 그러나 국문을 당할 때에는 몸을 단근질해도 얼굴색 하나 변하지 않고 말했습니다.

"나리! 이게 무슨 형벌이오? 어진 사람은 이런 형벌을 내리지 않는다고 합니다."

이개는 끝까지 꼿꼿하게 말하다가 죽었습니다.

유응부는 장수였으므로 기질이 용맹하고 활과 칼을 잘 썼습니다. 유응부는 국문을 당하면서 세조의 물음에 눈을 부릅뜨고 소리를 질렀습니다.

"내 왕을 위하는 것이 역적이라면, 왕을 저버리는 것이 충신이란 말이냐? 나는 내 왕을 위하여 간신을 없애려다가 간사한 놈의 밀고(몰래 일러바치는 것)로 이 지경이 되었으니 빨리 나를 죽여라. 묻기는 뭘 묻느냐?"

세조가 크게 노하여 형리에게 유응부의 살가죽을 벗기라고 했습니다. 그러면서 공모자를 물으니 대답하지 않고 주위를 돌아보며 말했습니다.

"썩은 선비들과는 큰일을 도모하는 것이 아니라 하더니, 과연 그렇구나. 내가 칼을 시험코자 할 때, 덜 떨어진 유생들인 너희들이 붙잡고 말리는 바람에 뜻을 이루지 못한 것이 못내 억울하다."

그리고 나서 세조를 향하여 말했습니다.

"나리! 물어 볼 게 있거든 저 유생들에게 물어 보시오."

유응부도 모질고 잔인한 형벌을 받다가 그 자리에서 목숨을 잃었습니다. 유응부의 집안 또한 연좌(역모와 같은 큰 죄를 저지른 사람의 가족, 친척까지 벌을 내리던 제도)를 당했습니다.

세조 2년(1456)에 그 여섯 명의 충신은 새남터 형장에서 사지를 찢기는 참혹한 형벌을 당했습니다.

세조는 여섯 충신이 죽은 뒤에 탄식하면서 말했습니다.

"지금은 역적이라도 후세에는 충신으로 불리리라."

세조의 말처럼 후세 사람들은 그 여섯 명의 충신을 사육신이라 부르며 높이높이 기리고 있습니다.

사육신 외에도 수많은 벼슬아치들이 단종을 위해 목숨을 바쳤고, 안평 대군도 형 세조에게 죽음을 당했습니다.

생육신, 살아서 절개를 지키다

"수양 대군이 단종을 몰아 내고 왕위에 올랐다니……."

삼각산 중흥사에서 공부를 하던 중에 소식을 들은 김시습은

원통하고 분해서 공부하던 책을 태워 버렸습니다.

 사육신이 새남터 형장에서 참혹한 형벌을 받고 난 뒤, 사람들은 역적으로 몰릴까 두려워 사육신의 시체를 감히 거두지 못했습니다.

 김시습은 밤에 몰래 스님들을 데리고 내려와 토막토막 찢긴 사육신의 시체를 주워 모아 강 건너 언덕에 묻어 주었습니다.

 지금 서울의 노량진에 있는 사육신묘는 그렇게 하여 생겨난 것입니다.

 그 뒤, 김시습은 스님이 되어 '설잠'이라 이름을 고치고 9년간 자연 속을 방랑했습니다. 그 때 쓴 글을 모아 세조 4년(1458)

에는 《탕유관서록》을, 세조 6년(1460)에는 《탕유관동록》과 《탕유호남록》을 만들었습니다.

세조 9년(1463)에는 효령 대군(태종의 둘째 아들)의 권고로 세조의 불경언해(한문으로 된 불교의 경전을 한글로 다시 풀이하는 일) 사업을 도와 내불당(세종 때 세운 왕실의 절)에서 교정 일을 맡았습니다.

세조 11년(1465)에는 경주 남산에 금오산실을 짓고 한국 최초의 한문 소설 《금오신화》를 지었고, 《산거백영》을 썼습니다.

김시습은 평생 절개를 지키며 불교와 유교를 아우르는 사상과 탁월한 문장으로 이름을 떨쳤습니다.

사육신처럼 단종의 복위를 꾀하다 목숨을 잃지는 않았지만 김시습처럼 평생을 오직 한 마음으로 절개를 지키며 산 사람들이 있습니다. 그 중 김시습, 남효온, 이맹전, 성담수, 원호, 조려 이 여섯 사람을 생육신이라고 부릅니다.

남효온은 단종이 죽은 뒤, 그 왕위라도 회복해야 한다며 단종 복위 상소를 올렸으나 뜻을 이루지 못했습니다. 그 때부터 남효온은 벼슬을 버리고 산과 들에 묻혀 평생을 보냈습니다.

조려는 단종이 왕위를 내놓는 날, 명륜당(성균관과 향학에 딸린 건물로 유학을 공부하던 강당)에서 여러 유생들과 울며 작별하고 고향으로 내려갔습니다. 그리고 낙동강 기슭에 숨어 살면서 일생을 보냈습니다.

이맹전은 세상이 그릇되었음을 한탄하며 스스로 귀먹고 눈먼 체하며 죽을 때까지 사람을 사귀지 않았습니다.

성담수는 교리로 있다가 단종이 수양 대군에게 왕위를 빼앗기자, 벼슬을 내놓고 시골로 내려가 숨어 살았습니다.

원호는 직제학이라는 벼슬을 하고 있었습니다. 그 역시 수양 대군의 신하로는 있을 수 없다며 벼슬을 그만두고 고향으로 내려갔습니다.

"삼촌이 조카를 죽이는 세상에 벼슬은 하여 무엇 하리."

원호는 거적을 깔고 그 위에서 아침 저녁으로 눈물을 흘리며 살았습니다. 또, 단종이 영월에서 세상을 떠난 뒤에는 영월로 들어가 3년 동안 시묘살이(무덤 옆에 움막을 짓고 지내는 일)

를 했습니다. 그리고 죽을 때까지 단종이 있는 동쪽을 향해 앉았다고 합니다.

단종, 청령포에서 사약을 받다

조정 대신들은 세조에게 단종을 처벌해야 한다는 상소를 계속해서 올렸습니다.

"상왕(단종)은 성삼문 일파와 관련이 있사옵니다. 역모의 죄는 상왕이라도 용서할 수 없습니다. 상왕을 폐하여 시골 구석으로 귀양을 보내는 것이 옳은 줄로 아옵니다."

마침내 세조 3년(1457), 단종은 노산군으로 지위가 낮아져 강원도 영월에서도 30리나 더 들어가야 하는 청령포로 귀양을 갔습니다. 청령포는 삼면이 강으로 둘러싸이고 한쪽은 깎아지른 듯한 절벽으로 막혀 있어, 새가 아니고는 한 발짝도 나올 수 없는 곳이었습니다. 게다가 대낮에도 햇빛이 들지 않을 만큼 소나무가 울창했습니다. 그러나 단종은 청령포에서도 오래 있지 못했습니다. 여름에 홍수가 나서 물이 차는 바람에 영월의 관풍헌으로 옮겼다가 그 곳에서 사약을 받았기 때문입니다.

청령포에 있을 때, 단종은 낮이면 높다란 죽루에 올라가 먼 산을 바라보며 한양 땅을 그리워했습니다. 그리고 밤이면 두견새 울음소리를 들으면서 눈물로 베개를 적셨습니다.

단종이 그렇게 살아가고 있을 때, 세종의 여섯째 아들 금성 대군도 단종 복위를 계획했다가 경상도 순흥으로 귀양을 가 사약을 받게 되었습니다.

"왕께서 영월에 계시니 하직 인사나 하련다."

금성 대군은 단종이 있는 북쪽을 향해 앉아 통곡을 한 다음, 꼿꼿한 자세로 사약을 마시고 죽었습니다. 금성 대군과 뜻을 같이했던 사람들도 모두 사약을 받거나 참형을 당했습니다.

세조는 정인지, 한명회의 말에 따라 단종을 죽이기로 마음 먹었습니다. 세조는 곧 금부도사 왕방연을 시켜 사약을 내렸습니다.

금부도사가 관풍헌에 도착하는 날이었습니다. 아침에 잠이 깬 단종은 마음이 매우 불편했습니다. 그래서 아침밥을 먹은 뒤 몇 안 되는 종들에게 말했습니다.

"며칠 전부터 꿈에 아버지(문종), 어머니는 물론 할아버지(세종), 할머니까지 오셔서 나를 어루만지며 슬피 우셨다. 아무래도 무슨 일이 일어날 것 같아 언짢구나."

잠시 뒤 금부도사가 도착했습니다.

"노산군(단종)은 어서 나와 어명을 받으시오!"

단종이 밖으로 나오자 금부도사는 사약을 내놓았습니다. 단종은 금부도사를 꾸짖었습니다.

"네 이놈, 너는 이 나라의 신하가 아니더냐? 나는 이 나라의 왕인데, 그래 왕을 죽이는 신하가 어디에 있더냐?"

금부도사는 약사발을 든 채 감히 움직이지 못하다가, 단종을 지키는 궁녀와 내시를 물리치고는 다시 사약을 올렸습니다. 그러나 단종은 호통을

치면서 약사발을 들지 않고 방으로 들어가 버렸습니다.

그 때 통인(지방의 관장 아래에서 잔심부름을 하던 사람) 한 사람이 어디에서 활시위를 구해다 올가미를 만들어 문틈으로 단종의 목을 낚아 잡아당겼습니다. 단종은 더 이상 어찌지 못하고 활시위에 목이 졸려 죽고 말았습니다.

이시애가 반란을 일으키다

세조 13년(1467) 5월, 회령 절제사(조선 초기에 지방 군대를 거느리던 무관 벼슬) 이시애가 아우인 이시합과 함께 반란을 일으켰습니다.

이 즈음에는 지방에 살고 있는 양반의 세력을 억누르기 위해, 각 고장에 그 고장 출신이 아닌 사람을 골라 관리로 보내고 있었습니다. 그래서 이시애가 있는 북도로 파견된 수령이나 군관들은 거의 남도 출신의 양반들이었습니다. 이시애는 자신이 출세를 못 하는 것이 남쪽 출신의 관료들 때문이라고 생각하게 되었습니다. 게다가 김종서의 신임을 받았던 이시애는 세조가 계유정난을 일으켜 왕위에 오른 것에 불만을 품고 있었습니다.

그 때, 함경도 길주에 남도 출신의 목사(목이라는 행정 단위를 맡아 다스린 벼슬) 설정신과 절도사 강효문이 새로 부임해 왔습니다. 설정신과 강효문은 이시애의 관직을 강제로 떼어 내려고 했습니다.

이에 화가 난 이시애는 동생과 함께 강효문을 죽이고 북도 주민들을 부추겨 난을 일으켰습니다.

"조정에서 우리 북도 사람들을 크게 업신여기더니, 이번에는 호패법이라는 것을 제정하여 우리가 자유롭게 이주하는 것까지 막으려 하고 있다. 이제 우리 북도의 백성들은 앉아서 벼락을 맞느니 나가 싸워야 한다."

"옳소. 그 말씀이 맞습니다!"

이시애는 무서운 기세로 사람들을 부추겼습니다. 삽시간에 많은 사람들이 너도나도 싸우겠다고 나섰습니다.

이시애는 절도사 강효문을 죽인 사실을 한양에 알렸습니다.

"강효문이 한양의 신숙주, 한명회 등과 몰래 교류하며 모반(나라를 배반하고 군사를 일으키는 일)하려 했으므로 죽였습니다."

이시애는 다시 한양에 사람을 보내어 보고했습니다.

"이 곳의 백성들이 크게 소란을 일으킬 것 같사오니, 이 곳 출신으로 수령을 뽑으시면 무사할 듯합니다."

그러고 나서 이시애는 즉시 군사를 일으켜 남쪽으로 내려가며 각 고장을 점령했습니다.

세조는 우선 신숙주와 한명회 등을 가두었습니다. 그리고 구성군 이준을 최고 지휘관으로 삼아 어유소, 강순, 남이와 같은 장수들을 거느리고 반란을 진압하게 했습니다. 그런 뒤에 신숙주와 한명회를 풀어 주었습니다. 세조는 신숙주와 한명회가 모반을 일으키려 했다는 말이 사실이 아니라는 것을 알았지만, 더 많은 말이 생길 것을 염려하여 우선 그들을 가두었던 것입니다.

　이시애의 군대는 비록 오합지졸(까마귀의

무리처럼 아무런 규율도 통일도 없는 무리 혹은 군사)이기는 했으나, 그 중에는 각 관아에 딸린 정규 군사들도 있었습니다. 나라의 군대인 관군도 이시애의 군대를 쉽게 물리칠 수 없었습니다. 그러나 한양에서 더 많은 관군이 내려오자 이시애의 군대는 밀리게 되었습니다.

결국 이시애는 후퇴하기 시작했습니다. 그러던 어느 날 밤, 이시애에게서 가장 큰 신임을 받는 이운로와 부하 몇 명이 몰래 모여 앞으로의 일을 의논했습니다.

"이대로 가다가는 우리 모두 죽음을 면치 못할 걸세."

"그러니 어찌하면 좋겠나?"

그들은 아주 작은 소리로 무엇인가를 의논하더니, 그 날 밤 잠든 이시애 형제를 묶어 관군에게 넘겨 주었습니다. 이시애 형제는 세조 13년(1467) 8월, 군문(군대가 주둔하여 있는 곳의 문) 앞으로 끌려나가 사지를 찢겨 죽었습니다. 그 밖에도 난에 참여했던 사람들이 모두 죽거나 귀양을 가는 것으로 이시애의 난은 끝을 맺었습니다.

세조, 뛰어난 업적을 남기다

왕인 조카와 형제, 수많은 대신들을 죽이면서 왕위에 오른 세조는 마음이 편치 않았습니다. 하지만 왕이 된 뒤 세조는 《정관정요주해》, 《공신계감》, 《문종실록》 등을 편찬하게 하고 변방을 지키는 일에 힘써 무산진을 설치하는 등 나라의 안정을 위해 노력했습니다.

세조 3년(1457)에는 신숙주와 몇몇 대신들을 시켜 《국조보감》을 만들게 하고, 예문관(왕의 글이나 명령을 짓는 일을 맡아 보는 관청)의 장서를 펴내게 했습니다.

또 세종 때 설치한 북변의 4군을 없애고, 세조 5년(1459)에는 중국의 오랑캐들이 변방에 침입하자 신숙주를 보내어 물리쳤습니다. 궁궐에도 잠실(누에를 기르는 방)을 두어 왕족들에게 잠업(누에치기)을 배우게 했습니다.

세조는 불교에 대한 믿음이 깊었습니다. 세조는 《원각경》을 펴내고 원각사를 지었을 뿐 아니라, 《송공자오장》, 《오륜록》 등을 직접 썼습니다.

세조는 국방을 튼튼히 하기 위해 국경 지대에 성을 쌓도록 지시했습니다. 세조 13년(1467)에는 《해동성씨록》을 펴냈고 인지의를 손수 만들어 토지 측량을 쉽게 했습니다. 또, 강순을 보내어 건주위(만주 지린 지방) 야인들을 토벌했습니다.

세조는 왕의 자리에 있던 14년 동안 국방, 외교, 서적 편찬, 토지 제도와 관리 제도의 개혁 등 여러 가지 분야에서 많은 업적을 남겼습니다. 또한 조선 초기의 왕권 강화를 위해 노력했습니다.

　그러나 나이가 들어서는 조카에게서 왕위를 빼앗은 일로 고통에 시달려 불교를 더 깊이 믿었으며, 죄를 잊으려고 노력했습니다. 세조는 결국 창병(부스럼)에 걸려 괴로워하다가 세상을 떠났습니다.

　세조는 글씨에도 뛰어났으며 쓴 책으로는 《석보상절》, 《역대병요》, 《오위진법》, 《역학계몽요해》 등이 있습니다.

제8대
일찍 세상을 떠난 예종

예종은 왕이 된 지 겨우 1년 만에 죽었습니다.
세조의 두 아들이 모두 20세에 세상을 떠난 것입니다.
● 재위 기간(1468~1469)

직전수조법을 만들다

　세자로 책봉되었던 세조의 맏아들 의경 세자(덕종)는 스무 살에 동궁에서 낮잠을 자다가 가위(잠을 자다가 무서운 꿈에 질려서 몸을 마음대로 움직일 수 없는 답답한 상태)에 눌려 죽었습니다. 그러나 사람들은 단종의 어머니인 현덕 왕후가 저주를 하여 세자가 죽었다고 생각했습니다.

　덕종은 일찍 죽는 바람에 왕위에 오르지 못했습니다. 덕종이란 칭호는 성종 2년(1471)에 성종이 추존(왕위에 오르지 못하고 죽은 이에게 왕의 칭호를 올리는 일)한 것입니다.

예종은 세조의 둘째 아들로 덕종이 죽자 세자에 책봉되었으며, 세조 14년(1468)에 아버지 세조가 위독하자 왕위를 이어받았습니다.

예종은 어리고 몸이 약해서 어머니 정희 왕후가 수렴청정을 했습니다. 세조는 왕위에서 물러나기 전, 세 명의 원로 대신(경험과 나이가 많은 대신)을 뽑아 왕을 돕게 하는 '원상제'라는 제도를 만들어 두었습니다. 그래서 나라의 일은 정희 왕후와 원로 대신들이 맡아 했습니다.

예종은 왕의 자리에 있는 동안 직전수조법을 제정했습니다. 모든 관리에게 토지를 주는 제도인 과전법이 문란해져서 관리들에게 줄 토지가 적어지자 현직 관리에게만 토지를 나누어 주었는데, 이것을 직전법이라고 합니다. 그러나 토지를 지급받은 관리들이 농민에게 너무 심하게 세를 거두자 조정에서는 직접 세를 거두어 관리들에게 나누어 주는 제도로 바꾸었는데, 이것이 직전수조법입니다.

예종은 또한 세조 때 편찬하기 시작한 《경국대전》을 최항 등을 시켜 완성하게 했습니다.

그러나 예종은 왕이 된 지 겨우 1년 만에 죽었습니다. 세조의 두 아들이 모두 20세에 세상을 떠난 것입니다.

남이 장군, 모함을 당하다

남이 장군은 체격이 크고 남자다우며, 씩씩한 기상을 지니고 있었습니다. 태종의 외손자이며, 세조의 공신인 권람의 사위여서 일찍부터 앞날이 탄탄할 것으로 여겨진 사람이었습니다. 남이는 세조 3년(1457)에 17세의 나이로 무과에 장원 급제를 했습니다. 그리고 세조 13년(1467)에 이시애가 함경도 길주에서 반란을 일으키자 우대장이 되어 이를 평정하고 그 공으로 적개공신(이시애의 난을 평정하는 데 공이 컸던 사람에게 내린 공로의 기록) 1등이 되었으며, 의산군에 봉해졌습니다. 이어 북방에 침입한 건주위 야인들을 토벌하는 공을 세웠습니다.

> 백두산 돌은 칼 갈아 없애고
> 두만강 물은 말 먹여 없애리.
> 남아 스물에 나라를 평안히 못 하면
> 후세에 그 누가 대장부라 하리오.

 이 노래는 남이가 북방에 침입한 건주위의 야인을 물리치고 돌아올 때 지은 것으로, 남이의 넓은 포부와 굳센 기상을 엿볼 수 있습니다.

 남이는 해마다 빛나는 공을 세웠습니다. 그리하여 27세에는 드디어 나라를 지키는 최고 자리인 병조 판서에 올랐습니다. 그러나 이듬해인 28세에 그의 성공을 시기하는 간신배들의 참소(다른 사람을 헐뜯어 죄를 지은 것처럼 꾸며 일러바치는 일) 때문에 곧 겸사복장(왕을 호위하던 무관 벼슬)이라는 벼슬로 밀려났습니다.

 예종 1년(1468) 초의 어느 날, 남이는 대궐에서 숙직을 하고 있었습니다. 밤이 깊어 궁궐을 지키던 남이의 눈에 문득 혜성이 떨어지는 것이 보였습니다.

"묵은 것은 사라지고 새 것이 나타날 징조구나."

남이는 무심코 이렇게 말했습니다.

그런데 유자광이라는 사람이 그 말을 가만히 엿듣고 있었습니다. 그리고 남이가 역모를 꾀한다고 모함했습니다.

"남이는 지금 상감이 나약하신 틈을 타서 역모를 계획하고 있습니다. 그 증거로 남이는 숙직을 서면서, 혜성이 나타나자 '묵은 것이 사라지고 새 것이 나타날 징조'라고 말했습니다. 또, 남이가 건주위의 야인들을 물리치고 돌아올 때 지은 글에는 '남아 스물에 나라를 얻지 못하면'이라는 구절도 있습니다."

유자광은 노랫말까지 슬쩍 바꾸어 일러바쳤습니다.

세자 시절부터 남이가 세조의 남다른 사랑을 받자, 이를 못마땅하게 여기고 있던 예종은 크게 노했습니다. 예종은 남이를 잡아들이고 직접 심문을 했습니다.

"네 이놈! 네가 진정 역적모의를 했느냐?"

"전하, 절대로 그런 일은 없나이다."

남이는 펄쩍 뛰며 아니라고 했습니다. 그러나 모진 고문을 받다가 앞정강이 뼈가 부러지자 남이는 한탄하며 생각했습니다.

'내가 살려고 한 것은 장차 나라의 큰일에 이 몸을 바치려 함이었는데, 이제 정강이가 부러진 병신으로 살아난들 무슨 일을 할 수 있겠는가? 버티면 더 고문만 당할 터이니 저들이 바라는 대로 말해 주자.'

이렇게 생각한 남이는 역모를 꾀했다고 거짓으로 자백했습니다. 그러자 예종이 물었습니다.

"함께 역모를 의논한 자가 누구냐?"

남이가 대답했습니다.

"저기 있는 영의정 대감 강순 등입니다."

그 때 영의정 강순은 80세의 늙은이였습니다. 강순은 남이의 거짓 자백 때문에 즉시 잡혀 모진 고문을 당했습니다. 처음에는 한사코 아니라고 말하던 강순도 계속되는 고문에 못 이겨 남이와 역모를 꾀했다고 자백했습니다. 그리하여 남이를 비롯하여 강순, 조경치, 변영수 등이 역모를 꾀했다는 죄로 사형을 당하게 되었습니다.

형장으로 향하는 수레 안에서 강순이 남이에게 따졌습니다.

"네 이놈, 죽으려면 너 혼자 죽지 죄 없는 나는 왜 끌어들였느냐?"

남이가 당당하게 대답했습니다.

"대감은 양심도 없으십니까? 대감은 저에게 죄가 없다는 것을 잘 알면서도 왕께 말하지 않았으니, 한 나라의 영상으로서 어찌 죄가 없다고 하시겠습니까? 그래서 끌어들였습니다."

강순은 더 이상 말하지 못하고 묵묵히 형장으로 가 참형을 당했다고 합니다.

제9대
새롭게 문화 부흥을 이룬 성종

성종은 인재를 가려 뽑고 조선 초기의 문물 제도를 정비하여 세종과 세조 때 싹튼 초기 문화를 꽃피웠습니다.
● 재위 기간(1469~1494)

문화 진흥에 힘쓰다

성종은 의경 세자(덕종)의 둘째 아들로, 삼촌인 예종의 뒤를 이어 왕위에 올랐습니다. 세조 7년(1461) 자산군에 봉해지고 세조 14년(1468) 자을산군에 다시 봉해졌습니다. 그리고 이듬해 13세의 나이로 왕위에 올랐습니다.

예종에게 아들이 있었고 성종의 형 월산 대군도 있었으나, 당시의 막강한 권력자인 장인 한명회와 정희 왕후의 지원으로 성종은 왕위에 오를 수 있었습니다.

성종은 왕위에 오른 뒤 20세까지 할머니 정희 왕후의 수렴청정을 받았는데, 이 기간에는 원로 대신인 한명회와 신숙주 등이 나라의 일을 결정했습니다.

성종은 왕위에 오르던 해, 세조 때와 같이 왕위를 빼앗는 비극이 일어날 것을 걱정하는 대신들의 건의를 받아들여 구성군 이준을 귀양 보냈습니다. 구성군은 세종의 넷째 아들 임영대군의 아들이었습니다.

성종은 성종 7년(1476)에 숙의 윤씨를 왕비로 책봉했다가, 성종 10년(1479)에 왕비를 폐위하고 이듬해 사약을 내렸습니다. 이것이 연산군 때 갑자사화가 일어나는 원인이 되었습니다. 숙의 윤씨는 연산군의 어머니였습니다.

수렴청정을 끝낸 성종 7년(1476)부터는 원로 대신들이 나라 일을 결정하는 원상제를 폐지했습니다. 이제 성종 스스로 정치를 할 수 있게 되었습니다.

성종은 새로운 인재를 등용하는 등 서서히 왕으로서의 권력을 되찾았습니다.

성종은 인재를 가려 뽑고 조선 초기의 문물 제도를 정비하여 세종과 세조 때 싹튼 문화를 꽃피웠습니다.

성종은 홍문관(궁중의 유교에 관한 책과 역사책을 관리하고, 왕이 하는 일에 의견을 내는 일을 맡아 보던 관청)을 설치했으며, 젊고 유능한 인재들이 자신을 수양하는 기관인 독서당을 다시 세웠습니다. 그리고 성균관 학생들의 식사를 공급하는 기관인 양현고를 설치하여 젊은 학자들을 키우기 위해 애썼습니다.

또한 성종은 성균관을 비롯한 각 도의 향학에 토지와 서적을 주어 교육과 문화 진흥에 힘썼습니다. 인재 등용에도 과감하여 김종직을 중심으로 한 사림들을 특별히 채용함으로써 새로운 정치 세력을 만들어 갔습니다.

성종은 땀 흘리며 농사짓는 이들의 수고로움도 생각할 줄 아는 왕이었습니다. 그래서 대궐 안에 농토를 만들어 직접 씨를 뿌리고 김을 매고 추수를 했는데, 이것을 '친경'이라고 합니다. 또 여자들에게 누에를 기르게 하여 잠업과 길쌈을 장려

했고, 이를 위해 왕비가 시범을 보이기도 했습니다.

성종은 날씨가 가물자 몸을 삼가는 뜻으로 수라상의 음식 가짓수를 줄이게 했습니다. 그뿐만 아니라 물에 만 밥만 올리라고 하자 신하인 김질이 말했습니다.

"이미 수라상의 음식 가짓수를 줄이셨는데, 또 물에 만 밥만 올리라고 하십니까? 예전 왕들께서도 그렇게 하지는 않으셨습니다."

"세종께서는 풍년이 든 해에도 물에 만 밥을 드셨소. 그런데 지금은 왜 문제가 된단 말이오?"

"물에 만 밥은 보통 사람들에게도 좋지 않습니다. 그런 것을 하물며 왕께서 드셔야 하겠습니까?"

김질의 말에 성종은 웃으면서 답했습니다.

"경의 말과 같다면 매번 마른 밥만 먹어야 하겠는가?"

성종은 평소에 이렇듯 검소하고, 백성을 사랑했습니다.

성종이 왕이 된 지 얼마 지나지 않아서의 일입니다. 성종은 자신이 나타나기만 하면 대신은 물론 왕의 말과 행동을 기록

하는 사관까지 모두 엎드려 있는 것을 보고 말했습니다.

"사관이 하는 일은 왕의 말과 행동을 기록하는 것이 아니오? 그런데 그처럼 엎드려 있으면 어떻게 내가 움직이는 것을 본단 말이오? 이제부터 사관은 허리를 죽 펴고 앉아서 나의 행동을 자세히 보고 적도록 하오. 그리고 다른 신하들도 어려워 말고 내 과실을 지적하여 수시로 바로잡아 주시오."

그 뒤로 사관과 신하들은 왕의 앞에서도 허리를 펴게 되었습니다.

성종은 유교의 성리학을 깊이 이해했으며 거문고, 바둑, 그림, 글씨에도 뛰어났습니다.

성종은 간경도감(세조 때 불교 경전을 번역하고 간행하던 기관)을 없애는 등 엄격하게 불교를 억제하는 정책을 폈으며, 세조 때부터 편찬하기 시작한 《경국대전》을 펴냈습니다.

또, 성종 12년(1481)에는 지리지인 《동국여지승람》이 편찬되었습니다. 그리고 국가의 여러 행사에 필요한 의례를 정비한 《국조오례의》, 국악을 비롯하여 동양 음악을 정리한 《악학궤

범》 등 많은 책도 펴냈습니다.

국방에도 힘써 성종 10년(1479)에는 도원수 윤필상을 보내어 건주위(중국에서 남만주의 건주 지역에 사는 여진족을 다스리기 위하여 설치한 군영)의 야인을 물리치고, 성종 22년(1491)에는 다시 도원수 허종을 파견하여 두만강 일대에 나타나는 여진족을 치도록 했습니다.

중국에 갔다 온 경험을 책으로 남기게 하다

폭풍우가 휘몰아치는 제주도의 바닷가, 도망간 범인을 잡으러 제주도에 갔던 최부는 말리는 주변 사람들을 뿌리치고 배

에 올랐습니다. 최부가 위험을 무릅쓰고 배를 띄운 것은 아버지가 세상을 떠났다는 급한 연락을 받았기 때문이었습니다.

"기왕에 배를 띄웠으니 그럼 안전하게 다녀오시오."

사람들은 최부 일행을 배웅했습니다. 최부는

나뭇잎처럼 흔들리는 배에서 오직 한 가지만을 생각했습니다. 그것은 고향 나주로 가서 아버지의 장사를 지내는 것이었습니다.

그러나 배는 최부의 마음처럼 움직여 주지 않았습니다. 추자도 앞바다에 이르렀을 때, 최부 일행은 심한 풍랑을 만나고 말았습니다. 최부 일행은 성난 파도 속에서 뱃길을 잃게 되었습니다. 목마름과 고통을 견디면서 13일간이나 표류한 끝에 일행은 겨우 육지에 닿을 수 있었습니다.

그들이 닿은 곳은 중국 강남의 절강성 연안이었습니다. 그곳은 오랫동안 왜구의 침략을 받았던 곳이었습니다. 그래서 그 곳 사람들은 최부 일행을 왜구로 잘못 알았습니다. 그 때문에 최부 일행은 명나라 군사들에게 잡혀 도저성까지 끌려가 심문을 받았습니다.

당시 명나라에서는 왜구를 잡는 사람에게 큰 상을 내렸습니다. 또한 왜구를 발견하면 바로 죽인 뒤 위에 보고하도록 되어 있었습니다. 그러니 최부 일행이 심문을 받게 된 것은 무척 다

행스러운 일이었습니다.

최부는 말이 통하지 않았으므로 자신의 사정을 글로 써서 보여 주었습니다.

"나는 조선 사람이며 바다에서 길을 잃어 여기까지 왔습니다."

명나라의 관리는 최부의 말을 믿지 않았습니다. 하지만 명나라 관리의 심문에 최부는 조리 있고 당당하게 조선에 대해 설명했습니다.

최부는 다시 상급 관청으로 불려가 심문을 받았습니다. 하지만 최부는 여전히 당당하고 막힘없이 대답을 했습니다. 결국 최부는 조선에 대한 풍부한 지식을 바탕으로 위기 속에서도 변함없이 당당한 태도를 보였기 때문에 왜구라는 오해에서 벗어날 수 있었습니다.

명나라 관리들은 최부 일행을 조선으로 돌려보내기로 했습니다. 이 결정으로 최부 일행은 조선까지 1만 리 가까이 되는 길을 여행하게 되었습니다.

최부는 다니면서 본 것을 꼼꼼하게 기록했습니다. 구체적인 시간과 정확한 장소, 실제로 경험했던 일을 잘 관찰하여 빠짐없이 적었습니다.

명나라를 여행하면서 최부는 조선에 대해 알고 싶어하는 명나라 사람들에게서 좋은 대우를 받았습니다. 그 사람들은 최부를 만나려고 줄을 설 정도였습니다.

최부는 명나라 황제에게서 상을 받게 되었는데, 그 때까지 상복을 입었던 최부는 중국 관리의 강요에 못 이겨 할 수 없이 예복으로 갈아입고 황제를 만났다고 합니다. 최부가 황제를 만나러 궁궐에 들어가면서도 상복을 고집한 데에는 조선의 강한 선비 정신이 깃들어 있었습니다.

"그 동안 보고 듣고 깨달은 것을 글로 남기도록 하라."

성종은 압록강을 건너 조선으로 돌아온 최부에게 중국에서 본 것들을 책으로 만들게 했습니다. 최부는 중국 연안의 바닷길, 기후, 산천, 도로, 관부(조정, 정부를 일컫는 옛말), 풍속, 민요 등에 대해서 썼습니다. 또한 발로 밟아 논에 물을 끌어대는 수차의 제작과 이용법을 소개했습니다.

이렇듯 최부의 철저한 기록 정신과 날카로운 관찰력 덕분에 만들어진 것이 바로 《표해록》이라는 책입니다.

《경국대전》을 완성하다

성종 16년(1485)에 《경국대전》이 완성되었습니다. 《경국대전》은 나라를 다스리는 데서부터 백성들의 일상 생활에 이르기까지 필요한 법들이 자세하게 적혀 있는 조선 최초의 종합 법전입니다.

《경국대전》을 처음 만들기 시작한 것은 세조 때입니다. 세조는 1457년에 육전상정소라는 기관을 설치하고 《경국대전》을 만들도록 했습니다. 《경국대전》이 만들어지기 전에는 《조선경국전》과 《경제육전》 같은 법전이 있었습니다.

조선은 기본 법전 없이 왕의 명령만으로 통치해 온 고려의 정치를 비판하고, 처음부터 법치주의(법률을 기본과 바탕으로 삼아 정치를 하는 것)의 정치를 하겠다고 선언했습니다. 그리고

새 왕이 즉위할 때마다 법전을 새로 펴냈는데, 그러다 보니 여러 가지 불편한 점과 문제점이 생겼습니다.

《경국대전》 머리말에는 '법조문이 번잡하고 앞뒤가 모순되어 하나로 통일되지 않았다.'라는 서거정의 기록이 있습니다. 그만큼 기준이 되는 통일된 법전이 필요했습니다.

그래서 《경국대전》에 들어갈 법을 만든 사람들은 오랫동안 무리 없이 지켜질 법을 만들기 위해 노력했습니다.

《경국대전》 중에서 먼저 호전과 형전이 만들어졌고, 나머지 이전, 예전, 병전, 공전은 세조 13년에 완성되었습니다. 그러나 이 법들이 시행되기도 전에 세조가 세상을 떠났습니다. 그러다가 예종을 거쳐 성종 때에 이르러 많이 고친 뒤 성종 16년(1485)에 통일된 법전으로 완성되었습니다. 조선 왕조가 세워진 지 90여 년 만이었습니다.

《경국대전》이 완성되기까지는 3대의 왕에 걸쳐 30여 년의 시간이 걸렸습니다. 그만큼 완전하게 만들기 위해 온 힘을 기울였습니다.

《경국대전》은 총 319개의 법조문이 실려 있으며 6전, 즉 이전, 호전, 예전, 병전, 형전, 공전의 순서로 나누어져 있습니다.

'이전'은 왕실과 각 관청의 기구와 관리들의 등용에 관한 법입니다. '호전'은 세금과 관리들의 월급인 녹봉 그리고 토지, 가옥, 노비 등을 사고 파는 것에 관한 경제법입니다. '예전'은 교육과 과거 제도, 관혼상제 등의 예절 그리고 외교에 관한 법이며, '병전'은 군사 제도에 관한 법입니다. '형전'은 죄인들을 다스리는 재판과 형벌, 재산 상속, 공·사 노비의 처벌에 관한 법이며, '공전'은 도로, 교량, 도량형 등 산업에 관련된 법입니다.

《경국대전》에는 '예전'의 양이 가장 많습니다. '예전'에는 30세가 될 때까지 집안이 가난해서 시집을 가지 못한 관리의 딸이 있으면 왕에게 보고하게 하여 혼인 비용을 보조해 주고, 혼인 비용이 충분한데도 딸이 30세가 넘도록 시집을 가지 않으면 그 아버지에게 벌을 준다는 내용도 있습니다.

《경국대전》에는 휴가도 법으로 정해 두었습니다. 공무원의 경우 혼인을 하면 1주일, 아내나 장인, 장모가 죽었을 때에는 15일의 휴가를 받을 수 있었으며, 부모가 병이 나면 특별 휴가를 주도록 했습니다.

또한 의금부(인륜을 어기거나 반역을 꾀하는 등의 법률을 어긴 사람을 처벌하던 기관)와 모든 감옥에는 의원 한 명을 정하여 달마다 병에 걸린 죄수들을 치료하도록 정해 놓았습니다. 환자가 생기면 관청에 신고하여 의원을 보내 치료받도록 하는 법도 있습니다. 만약 의원을 청했는데도 의원이 빨리 와서 치료하지 않으면 환자는 의원을 고발할 수 있고, 고발된 의원은 벌을 받게 되어 있습니다.

'호전'을 보면 흉년에 대비해 각 고을에 해마다 구제 물품을 준비하도록 한 조항이 있습니다. 흉년 때문에 굶어 죽는 백성이 많은데도 조정에 이를 보고하지 않은 고을 수령에게는 무거운 벌을 주도록 했습니다. 또, 관리로서 깨끗하지 못한 일을 저지르거나 세금을 중간에서 가로챈 관리는 그 재산을 모두 거두어들인다는 내용도 있습니다.

'형전'에는 죄인이 70세 이상이거나 15세가 되지 않은 아이일 때는, 강도나 살인을 저지른 죄에 해당하지 않으면 옥에 가둘 수 없다고 정해 놓았습니다. 산모의 경우에는 고문이나 사형을 집행해야 하는 죄를 저질렀다 하더라도 아이를 낳은 지 100일이 될 때까지 기다렸다가 형을 집행하도록 했습니다. 또, 사람의 생명을 중히 여겨 사형 죄수를 세 차례에

걸쳐 재판하는 3심 제도를 두었습니다. 또한 '형전'의 내용 가운데에는 상속에 관한 규정도 있는데, 놀랍게도 부모가 재산을 상속할 때 모든 자녀에게 똑같이 나누어 주도록 했습니다.

'예전'에는 관리 부인들의 도장 치수를 정해 놓았습니다. 도장의 크기는 그 품계(벼슬의 등급)에 따라 달랐는데, 부인들도 도장을 가지고 있었다는 것은 혼인한 후에도 자기 소유의 재산이 있었다는 것을 뜻합니다. 재산을 나눌 때는 여성은 도장을 찍고, 남성은 서명을 했습니다.

세조는 《경국대전》을 펴내면서 오랫동안 고치지 않아도 될 법을 만들도록 했습니다. 성종도 세조의 그런 뜻을 받들어 《경국대전》을 함부로 고치지 못하게 했으며, 고치기를 청하는 자는 법으로 다스리도록 했습니다.

그러나 세월이 흐르면서 새로운 법이 필요해짐에 따라 《속대전》, 《대전통편》, 《대전회통》 등 새로운 법전이 만들어졌습니다. 그래도 《경국대전》은 함부로 고치지 않았습니다.

제10대
놀이에 빠지고 횡포를 일삼은 연산군

연산군은 친어머니인 윤씨가 어떻게 죽었는지 알게 된 뒤부터
성격이 비뚤어져 점차 놀이에 빠지고 횡포를 일삼게 되었습니다.
● 재위 기간(1494~1506)

폭군이 되다

연산군은 성종의 뒤를 이어 조선 제10대 왕이 되었습니다. 연산군이 네 살이 되던 해에 친어머니 윤씨는 왕비의 자리에서 쫓겨나 사약을 받고 죽었습니다. 그래서 연산군은 계모인 정현 왕후 윤씨의 손에서 자랐습니다.

연산군은 성종 14년(1483)에 여덟 살의 나이로 세자가 되었습니다. 성종은 연산군의 친어머니인 윤씨를 내쫓을 때 그 아들인 연산군까지 폐출(벼슬을 빼앗고 내쫓는다는 말)하려고 했습니다. 그러나 어미의 죄를 자식에게까지 미치게 하는 것은 옳지 못하다고 생각하여 그대로 두었던 것입니다.

연산군은 서거정에게 학문을 배웠는데 어릴 때는 총명했다고 합니다. 그러나 자라면서 차츰 거칠어지기 시작했습니다.

왕이 된 연산군은 처음에는 나라를 잘 다스렸습니다. 지방에 암행어사를 파견해 올곧지 못한 관리를 처벌하고, 과거를 통해 인재를 많이 뽑았습니다. 녹도에 침입한 왜구를 물리치고, 여진족을 달래거나 몰아 내는 등 국방에도 힘썼습니다. 또 사창(조선 시대에 각 고을의 사에 두어, 백성들에게 봄에 곡식을 꾸어 주었다가 가을에 받는 곡식 창고. 사는 조선 시대의 행정 단위로 지금의 면과 같음)을 설치하여 가난한 백성들을 보살폈고, 학자들에게 휴가를 주어 집에서 독서를 하게 하는 사가독서제를 다시 실시했으며, 각종 책을 펴내는 등 업적을 남겼습니다.

그러나 친어머니인 윤씨의 사건을 알게 된 뒤부터 성격이 비뚤어져, 점차 놀이에 빠지고 횡포를 일삼았으며 정치를 제대로 하지 않았습니다.

조의제문 때문에 무오사화가 일어나다

 연산군 4년(1498) 7월이었습니다. 이 무렵 조정은 훈구파의 이극돈, 유자광, 노사신, 윤필상 등이 정권을 쥐고 있었습니다.

 훈구파는 새로운 세력으로 등장한 김종직을 중심으로 하는 사림파와 서로 대립하고 의견이 맞지 않았습니다.

 특히 훈구파의 이극돈, 유자광 등은 연산군이 충직한 선비들을 싫어한다는 점을 이용하여 사림파를 없애려고 했습니다.

 더욱이 유자광은 지난날 경상도 함양 고을 동헌(수령이 고을을 다스리던 건물)에 자신이 지은 시를 현판에 새겨 걸어 놓은 적이 있었는데, 나중에 고을 군수로 내려간 김종직이 그 현판을 떼어서 태운 것을 알고 김종직을 미워하고 있었습니다.

 이극돈은 《성종실록》을 만드는 책임자가 되자, 김일손이 사초(조선 시대 실록 편찬의 자료)에 적어 넣은 김종직의 〈조의제문〉이 세조가 단종에게서 왕위를 빼앗은 일을 헐뜯은 것이라고 하며 이를 문제삼아 연산군에게 일러바쳤습니다.

 〈조의제문〉은 김종직이 지은 글인데, 항우에게 죽은 초나라의 회왕, 즉 의제를 조상(남의 죽음에 대하여 슬픔의 뜻을 나타내는 것)하면서 의제를 죽이고 옳지 않은 방법으로 왕위를 빼앗은 항우를 비난한 글입니다.

이극돈의 보고를 받은 연산군은 불같이 성을 냈습니다. 그러고는 당장 김일손 등을 잡아들이도록 했습니다.

연산군은 김일손 등을 직접 심문하여 김종직이 이와 같은 죄를 부추겼다는 자백을 받아 냈습니다. 그리고 이미 죽은 김종직의 관을 파헤쳐 그 시체의 목을 베게 했습니다.

사림파의 김일손, 권오복, 이목, 권경유, 허반 등도 선왕(세조)이 죄가 없는데 있는 것처럼 잘못 기록했다는 죄를 뒤집어씌워 죽였습니다. 그리고 정여창, 강경, 이수공, 김굉필, 이종준, 이주, 임희재 등은 귀양을 보냈습니다.

이 사화로 사림파의 학자들은 대부분 죽음을 당하고, 유자광 등이 조정의 실권을 잡게 되었습니다.

이 사건이 연산군 4년(1498) 무오년 7월에 일어났다고 하여 무오사화라고 부릅니다.

갑자사화가 일어나다

연산군은 친어머니인 윤씨가 죽은 일에 대해서 그 당시 어렸기 때문에 잘 알지 못했습니다. 연산군은 정현 왕후 윤씨를 친어머니로 알고 자랐습니다. 성종도 폐비 윤씨의 죽음이 연산군에게 나쁜 영향을 줄 것을 염려하여 이 사실을 철저히 비밀에 부쳤습니다.

그런데 연산군 10년(1504)에 드디어 이 사실이 드러나고 말았습니다. 임사홍이라는 사람이 연산군에게 그 이야기를 생생하게 전해 주었습니다.

연산군의 친어머니인 윤씨는 연산군이 네 살 때 왕비의 자리에서 쫓겨난 뒤 친정에서 사약을 받고 죽었습니다. 사약을 마신 윤씨는 원삼(우리 나라 고유의 여성 예복 중 하나. 주로 대례복이나 신부의 혼례복으로 입었음) 자락을 찢어, 입으로 올라오는 피를 받아 묻힌 뒤 그 천 조각을 자신의 어머니인 신씨에게 주며 말했습니다.

"어머님, 내 아들이 이다음에 왕이 되거든 꼭 이 원삼 자락을 전하고 어미의 원통함을 풀어 달라고 전해 주십시오."

딸이 죽은 뒤, 신씨는 폐비 윤씨의 부탁대로 피 묻은 원삼 자락을 깊이 간직해 두었습니다.

임사홍은 이야기를 마치고 피 묻은 원삼 자락을 왕에게 보여 주었습니다.

연산군은 그 천 조각을 받아드는 순간, 분노를 어쩌지 못하고 부들부들 떨었습니다.

"우리 어머니가 그렇게 슬프게 돌아가셨다니, 도저히 참을 수 없다! 내 꼭 어머니의 억울함을 풀어 드릴 것이다."

연산군은 외할머니인 신씨를 만나 보고 슬피 울었습니다.

가뜩이나 정서적으로 불안했던 연산군은 이 뜻밖의 이야기를 전해 듣자 불에 기름을 부은 듯이 더욱 포악해졌습니다.

연산군은 당시의 기록들을 모두 가져오라고 했습니다. 그리고 이 기록에 적힌 대로 어머니에게 사약을 내린 일에 참여한 대신들과 또 말리지 못한 대신들을 모두 죄인으로 몰아 죽였습니다.

심지어 폐비 윤씨에게 사약을 내리도록 결정했던 회의에 참석한 신하라는 이유로 이미 죽은 한명회, 정창손 등은 무덤을 파내어 그 시신을 베었습니다.

연산군의 처남인 신수영은 연산군에게 새로운 사실을 또 알려 주었습니다.

"성종의 후궁인 정씨, 엄씨의 모함으로 친어머니이신 윤씨께서 왕비의 자리에서 내쫓겨 사사(죽을죄를 지은 죄인에게 독약을 내려 스스로 죽게 하던 일)되셨습니다."

이 사실은 화가 나 있는 연산군을 더욱 부채질했습니다. 연산군은 자기 손으로 직접 두 후궁을 죽이는가 하면, 연산군의 포악한 행위를 꾸짖는 인수 대비를 병상에서 죽게 했습니다.

연산군은 그런 뒤에 어머니 윤씨를 다시 왕비로 복위하려고 했습니다. 이를 반대한 권달수와 이행이 죽음을 무릅쓰고 아뢰었습니다.

"선왕께서 하신 일이라 복위는 안 되옵니다."

그러나 옳고 그름을 따질 리 없는 연산군은 그들의 말에 귀를 기울이지 않았습니다. 연산군은 오히려 불같이 화를 내며 권달수를 목 베고 이행은 귀양을 보냈습니다.

한바탕 휘몰아쳤던 이 사건은 갑자년에 일어난 일이므로 갑자사화라고 부릅니다. 이 사화의 직접적인 원인은 연산군의 친어머니 윤씨의 죽음이었습니다. 그러나 그것은 겉으로 드러난 이유일 뿐, 자세히 들여다보면 좀 더 근본적인 원인이 있었습니다.

무오사화가 이미 권력을 잡고 있던 세력(훈구파)과 새로운 세력(사림파) 사이의 싸움에서 비롯된 것이라면, 갑자사화는 왕을 중심으로 하는 궁중의 일파와 훈구·사림 일파 대신들의 충돌로 일어난 것이라고 볼 수 있습니다.

연산군의 포악한 행동은 나날이 심해졌습니다. 왕을 헐뜯는 한글로 된 투서가 있다 하여 한글로 된 책들을 모두 불사르게 했으며, 아예 한글 배우는 것을 금지했습니다.

그리고 원각사에 장악원이라는 것을 만들어 기녀(기생)를 기르는 한편, 성균관에서 유생들을 몰아 내고 그 곳에서 온갖 놀이를 즐겼습니다.

　연산군은 왕의 공부 시간인 경연과 왕권을 견제하는 기구인 사간원도 없앴습니다. 뿐만 아니라 왕의 신분을 숨기고 궁궐 안팎을 몰래 다니며 옳지 못한 행실을 일삼았습니다.

　각 도에 채홍준사(연산군이 아름다운 여자와 좋은 말을 궁중에 모으기 위해 지방에 보냈던 관리)를 보내어 아름다운 여자와 좋은 말을 강제로 거두는 등 횡포를 부리면서 나라의 재산을 다 써 버려 백성을 고통에 빠뜨렸습니다.

　연산군은 1506년 중종반정으로 왕의 자리에서 쫓겨나 강화도 옆 교동으로 귀양을 갔습니다. 그리고 그 해에 병으로 세상을 떠났습니다.

홍길동이 이야기로 살아나오다

　《홍길동전》은 조선 시대 허균이 지은 최초의 한글 소설입니다. 실제로 있었던 도둑인 홍길동을 모델로 삼았다는 의견과

선조 41년(1608) 서양갑, 박응서 등 서자 출신 무리가 소양강 가에 굴을 파고 그 속에서 살며 강도질을 하다가 잡힌 사건이 있었는데, 작가 허균이 이것을 소재로 삼았다는 의견도 있습니다.

아무튼 《홍길동전》은 당시 사회 제도의 모순, 특히 적자(본부인에게서 태어난 아들)와 서자(첩에게서 태어난 아들)의 신분 차별과 부패한 정치를 주제로 한 작가의 혁명적인 사상이 들어 있는 작품입니다.

전라남도 장성군 황룡면 아곡리 남양 홍씨가 모여 사는 마을에는 오래 전부터 홍길동에 대한 이야기가 전해 내려오고 있습니다.

이 마을에는 홍길동이 태어난 집터임을 알리는 표지판이 세워져 있습니다. 그 곳에는 집터였음을 짐작하게 하는 축대(무너지는 것을 방지하기 위하여 쌓아올린 벽)가 남아 있고, 집 둘레에는 대나무가 울타리처럼 심어져 있습니다. 이 대나무는 홍길동이 적의 접근을 어렵게 하고 다급한 일이 생기면 그 대나

무로 화살을 만들려고 심었다고 합니다.

《조선왕조실록》에도 홍길동에 대한 기록은 여러 번에 걸쳐 나옵니다. 그 기록에는 홍길동이 한결같이 도둑이나 강도로 나옵니다.

홍길동이 활동한 시기는 연산군 때였습니다. 포악한 정치와 몹시 심한 흉년으로 살기가 어려워진 많은 백성들이 집을 버리고 떠돌아다녔습니다. 그리고 산 속으로 들어가 도적이 되기도 했는데, 이 시기의 실록을 보면 '도적이 발생하지 않는 날이 없다.'라고 기록되어 있습니다.

이처럼 살기 어려울 때 농민들은 목숨을 잇기 위해 도적이 되었고, 그 가운데 홍길동은 큰 세력을 키웠던 것입니다.

또, 실록에는 당상관 엄귀손이라는 사람이 많이 나옵니다. 엄귀손은 홍길동을 도와 준 인물로 기록되어 있습니다. 엄귀손은 세조 때 '이시애의 난'에서 공을 세운 무관이었습니다. 실록에는 '엄귀손은 홍길동의 뜻을 좇은 사람으로 홍길동의 도둑질을 도와 주었고, 훔쳐 온 물건을 숨겨 주는 등 여러 가

지로 그와 뜻을 같이하는 일을 했다.'라고 기록되어 있습니다.

조선 사회는 문관보다 무관을 하찮게 여겼습니다. 무관으로서 당상관의 자리에 오른 엄귀손은 이러한 차별에 불만을 가지고 있었습니다. 바로 그 때에 옳지 못한 관리를 혼내 주고 신분 차별에 대한 갈등을 없애려 했던 홍길동이 나타나자 뜻을 같이했던 것으로 보입니다.

엄귀손은 홍길동을 도와 준 죄로 남해로 귀양을 갔다가 감옥에서 세상을 떠났습니다.

그로부터 100여 년이 지난 뒤에 소설 《홍길동전》이 쓰였습니다. 내용을 살펴보면 다음과 같습니다. 서자의 신분에 불만을 품은 홍길동이 도적들의 소굴로 들어가 이들의 우두머리

가 된 뒤, 활빈당을 만들고 백성들을 괴롭히는 탐관오리와 양반들의 재물을 빼앗아 가난한 백성들에게 나누어 주는 의적으로 활동하다가 조정의 회유로 형조 판서까지 됩니다. 하지만 조정을 떠나 훗날 율도국에서 왕이 된다는 내용입니다.

허균은 선조 41년(1608)에 홍길동의 흔적이 남아 있는 공주의 목사로 부임했습니다. 그리고 그 곳에서 홍길동의 이야기를 들은 뒤 그것을 소설 《홍길동전》으로 쓴 것입니다. 《홍길동전》은 허균의 수많은 작품을 대표하는 소설입니다.

《홍길동전》을 쓴 허균은 조선 시대의 뛰어난 문장가인 허엽의 아들이자 여류 시인인 허난설헌의 동생입니다. 그의 시와 문장의 재주는 일찍부터 남달랐습니다.

허균은 일찍이 문과에 장원 급제했고, 좌참찬이라는 높은 벼슬에까지 올랐습니다. 그러나 광해군에게 불만을 품고 1618년 하인준, 김개, 김우성 등과 반란을 계획하다가 탄로나 같은 해 죽음을 당했습니다.

역사 옹달샘

《어린이 조선왕조실록》 2권을 잘 읽었나요?
'역사 옹달샘'에서는 '조선 시대의 궁중 생활'과 관련된
여러 가지 이야기를 살펴보기로 해요.

- 동궁마마가 왕이 되기까지
- 왕의 생활 계획표
- 조선 시대 왕과 왕비의 옷
- 궁중에서 먹는 음식
- 궁궐의 살림꾼, 궁녀
- 궐내 각사를 움직이는 관리들

동궁마마가 왕이 되기까지

원자가 태어나요

궁궐에 왕자가 태어났습니다. 왕과 왕비는 물론이고, 모든 궁궐 사람들과 백성들도 매우 기뻐합니다. 귀여운 아기는 곧 가장 으뜸이 되는 아들이라는 칭호인 원자라고 불립니다.

세자로 책봉되지요

원자가 자라면 세자로 책봉됩니다. 세자는 다음 왕위를 이을 후계자라는 뜻입니다. 원자가 세자가 되기 위해서는 '세자 책봉례'라는 의식을 치르면서 세자 책봉 임명서를 줍니다. 세자 책봉례는 매우 중요한 의식이었습니다. 세자가 되면 어머니의 품을 떠나 내전의 동쪽에 있는 동궁으로 거처를 옮겨 훌륭한 선생님에게서 교육을 받습니다.

■ 왕세자입학도첩
왕세자입학도첩은 세자가 학교에 입학하는 모습을 그린 것이다.

혼례를 치러요

세자로 책봉되어 15세 정도가 되면 어른이 되었다는 의미로 관례를 치릅니다. 관례를 하면서 세자는 어른의 표시로 모자를 쓰고 성인 복장을 입습니다. 관례 후에는 곧 혼례를 치릅니다.

왕위에 올라요

왕이 세상을 떠나면 옥새를 대비가 보관하고 있다가 세자가 즉위할 때 전해 줍니다. 그리고 세자를 왕으로 임명한다는 명령서를 내립니다.

왕이 되기 위해 즉위식을 거행하는데, 즉위식은 정전에서 합니다. 엄격한 의식 절차에 따라 세자가 용상에 앉는 순간 대신들은 '천세'를 외칩니다. 비로소 동궁마마가 왕이 된 것입니다.

■ 세종 어보

왕의 생활 계획표

조선 시대의 왕들은 일을 하느라 하루가 짧을 지경이었습니다. 왜냐하면 왕은 한 사람이기 이전에 나라와 백성을 책임진 국가의 중심이었기 때문입니다. 왕에게는 지켜야 할 일정과 돌보아야 할 나랏일이 매우 많았습니다.

왕의 새벽은 파루(왕이 하늘을 대신해서 백성들에게 새벽을 알리는 종소리)가 울리면 시작되었습니다. 새벽 4시경에 33번 종이 울리면 사대문이 열리고, 백성들도 잠에서 깨어났습니다. 왕은 의관을 차려입은 뒤 간단한 죽으로 아침밥을 먹고 하루의 일과를 시작했습니다.

아침 식사를 하기 전에 왕은 궁중의 어른들에게 문안 인사를 올렸습니다. 먼저 어머니인 대비와 할머니인 대왕대비에게 인사를 올리고, 직접 인사를 갈 수 없는 사정이 생기면 내시를 대신 보내기도 했습니다.

8시경에는 아침 공부를 시작했습니다. 왕은 공부도 많이 해야 했기 때문에 아침, 점심, 저녁 하루 세 번의 공부 시간이 있었습니다.

10시경에는 아침 조회가 있었습니다. 날마다 몇몇 중요한 관리들만 참석하는 조회인 상참을 하고, 한 달에 네 번은 모든 관리들이 참석하는 조회인 조참을 했습니다.

11시경이 되면 여러 관리들의 업무 보고가 있었습니다. 관리들이 나라를 다스리는 이모저모를 왕에게 보고하는 것이지요. 이렇게 오전 시간이 가고 12시부터 오후 1시까지는 점심 시간이었습니다.

오후 2시경이 되면 왕은 다시 1시간 정도 공부를 합니다. 왕의 공부 시간에는 여러 관리들이 참석해서 함께 공부하고 토론도 했습니다.

오후 3시경에는 지방으로 떠나거나 지방에서 올라온 여러 관리들을 만나 각 지방 백성들의 이야기를 듣습니다. 그리고 밤에 궁궐을 지킬 군사들과 신하들의 명단을 확인하고, 밤에 사용할 암호를 정해 주었습니다.

오후 6시경에는 다시 저녁 공부를 합니다.

오후 7시경이 되면 저녁밥을 먹고, 8시경에는 다시 왕실 어른들에게 저녁 문안 인사를 드립니다. 왕의 하루는 여기서 끝나는 게 아닙니다. 그렇게 10시경에 모든 일정이 끝나면 왕은 상소를 읽거나 독서를 하면서 나랏일에 대한 고민을 했습니다.

오후 11시경에는 잠자리에 듭니다. 이 잠자는 시간만이 유일하게 왕의 사생활이 보호받는 시간이었습니다. 물론 바깥에서 여러 내시와 궁녀들이 지키고 있기는 하지만 말입니다.

조선 시대 왕과 왕비의 옷

조선 시대에는 옷을 입는 것도 하나의 예라고 생각했습니다. 그래서 왕을 비롯한 왕비, 신하, 양반, 평민 등은 계급과 신분에 맞게 옷을 입었습니다.

왕은 곤룡포를 입었어요

왕은 장소와 때를 구분하여 옷을 입었습니다. 제사를 지내거나 혼례식, 즉위식을 치를 때, 신하들과 정사를 논할 때, 잠자리에 들 때, 성 밖으로 행차할 때마다 달랐던 것이지요. 왕이 평소 정사를 살필 때는 익선관을 쓰고 곤룡포를 입었습니다.

익선관
왕이 평상복을 입을 때 쓰던 모자로, 색깔은 검은색이다. 윗부분은 청렴과 검소함을 상징하는 매미의 날개를 본떠 두 개의 뿔 모양 장식을 했다.

보
발톱이 다섯 개 달린 용의 무늬가 황금실로 수놓아져 있다. 이를 오조룡보라고 하는데, 오조룡은 왕을 상징한다.

옥대
옥으로 장식한 띠. 왕의 옥대에는 용 모양이 생동감 있고 입체적으로 새겨져 있다.

곤룡포
왕이 일을 할 때 입었던 두루마기와 같은 모양의 웃옷. 노란색 또는 붉은색 비단으로 만들고, 가슴, 등, 양어깨에 용무늬를 수놓은 보(補)를 붙였다. 허리에는 옥대를 찼다.

왕비는 적의를 입었어요

조선 시대의 왕비들도 혼례식이나 제사, 연회, 친잠례 등 국가의 행사에 참여할 때마다 그에 맞는 예복을 갖추어 입었습니다. 특히 혼례, 연회 등 중요한 의식을 치를 때는 적의라는 예복을 입었습니다.

보
적의 앞뒤에는 왕과 마찬가지로 황금색 용무늬가 수놓아진 보를 붙였다.

옥대
왕비도 옥으로 만든 띠를 착용했다.

폐슬
적의를 입을 때 쓰는 장신구의 하나로 가리개 구실을 한다. 적의와 같은 색이며 역시 꿩이 수놓아져 있다.

적의
오색실로 꿩이 9층으로 수놓아져 있다. 꿩은 유교의 덕을 상징하는 새로, 덕이 많은 왕비가 되라는 의미를 지닌다. 고종이 황제에 오른 뒤에는 중국의 황후처럼 꿩이 12층으로 수놓아진 것을 입었다.

● 왕비의 머리 장식

왕비는 머리에 가체라는 덧머리를 썼다. 가체는 일종의 가발로, 색칠한 비단이나 사람의 머리카락으로 만들었다. 가체에는 옥과 금으로 만든 비녀와 떨잠들로 화려하게 장식을 했다.

용잠
머리 부분이 용 모양인 비녀이다.

떨잠
금실 끝에 꽃이나 새 모양을 붙여 움직이면 떨리게 되어 있다.

궁중에서 먹는 음식

조선 시대에는 집의 규모, 사는 곳, 옷의 색깔과 종류도 신분에 따라 제한되어 있었습니다. 음식의 가짓수와 규모도 예외가 아니었지요. 다 같은 밥이지만 궁중에서 먹는 밥은 수라, 양반들이 먹는 밥은 진지, 일반 백성들이 먹는 밥은 밥, 천민들의 밥은 끼니라고 불러 계층에 따라 이름을 다르게 했습니다.

누가 만들었나요?

궁중의 음식은 주방 상궁과 대령숙수라는 전문 요리사가 만들었습니다. 중전과 대비, 세자빈이 살고 있는 각 전각마다 주방 상궁이 딸려 있었습니다.

주방 상궁이 되려면 13세에 궁궐에 들어가 최소한 20년 동안 요리를 배워야 했습니다. 그렇게 하여 주방 상궁이 되면 평생 동안 궁중의 요리사로 일하게 됩니다. 이들은 궁중 음식을 담당하는 사옹원에 소속된 천민의 신분이었습니다.

대령숙수는 남자 전문 요리사입니다. 궁궐 밖에서 살지만 궁궐에 잔치가 있으면 궁에 들어가 음식을 만들었습니다. 대령숙수의 기술은 아버지에서 아들로 대대로 세습되었습니다.

어디에서 만들었나요?

궁중에서 음식을 만드는 곳을 소주방이라고 하는데, 소주방은 내소주방과 외소주방으로 나누어져 있었습니다. 내소주방은 평소 아침과 저녁 식사를 만드는 곳으로, 주방 상궁이 요리하던 곳입니다. 외소주방은 궁중의 잔치가 있을 때 음식을 만드는 곳으로, 대령숙수가 이 곳에서 음식을 만들었습니다. 또한 찬 음식을 만드는 생과방이 있어 이 곳에서 아침과 저녁 식사 외에 음료와 다과류를 만들었습니다.

궁중의 식사는 어떤 차이가 있었나요?

궁중에서는 12첩 반상을 차렸는데 여기에는 밥, 국, 찌개, 찜, 전골, 장류, 김치 세 가지 이외에 12가지 반찬을 더 올릴 수 있었습니다. 궁중에서만 12첩 반상을 차릴 수 있었고, 사대부가에서는 9첩, 그 아래부터는 7첩까지만 차릴 수 있었습니다. 궁중 음식은 맛이 짜거나 강하지 않았습니다.

궁중에서 잔치를 위해 높이 쌓았던 음식은 그대로 중전의 친정이나 종친·양반들의 집으로 보내 주었는데, 이 때 음식을 받은 사람들은 궁중 음식을 흉내내기도 했습니다. 그 뒤 궁중 음식은 서민들에게까지 전해져 우리 음식 문화에 많은 영향을 끼쳤습니다. 요즘도 결혼식과 같은 중요한 잔치를 할 때 음식을 높이 쌓는 풍습이 남아 있습니다.

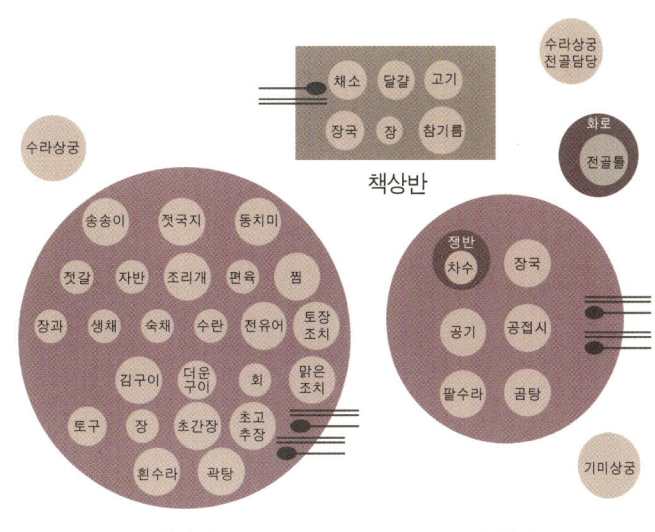

궁궐의 살림꾼, 궁녀

궁궐에는 왕과 왕비, 그리고 왕의 가족들이 생활하고 있었습니다. 그래서 요리부터 청소, 빨래 등 할 일이 아주 많았습니다. 궁궐에는 왕실의 사람들이 불편 없이 생활하도록 궁궐의 살림을 책임지는 사람들이 따로 있었습니다. 그들이 바로 궁녀입니다.

궁궐의 살림꾼

조선 시대의 궁녀는 하는 일에 따라 소속 부서가 달랐습니다. 왕과 왕비의 침실을 담당하는 지밀, 옷을 만드는 침방, 옷이나 장신구에 수를 놓는 수방, 식사를 담당하는 소주방, 음료와 과자 등을 만드는 생과방, 빨래와 옷의 손질을 담당하는 세답방 등이 있었습니다.

상궁이 되는 멀고도 먼 길

조선 시대에는 여성이 관직에 올라간다는 것은 불가능한 일이었습니다. 그래서 종9품에서 정5품까지의 품계를 받을 수 있었던 궁녀는 조선의 여성들에게 인기 있는 직업이었습니다. 하지만 궁녀는 아무나 될 수 없었습니다. 궁녀는 보통 10년에 한 번씩 뽑았고, 그 자격 요건도 아주 까다로웠습니다. 나이는 4, 5세부터 13세로, 신분은 양반도 평민도 아닌 중인 계급이어야 했습니다. 그리고 상궁 이상의 추천도 받아야 했습니다.

상궁은 가장 높은 지위의 궁녀입니다. 상궁에 오르는 데는 견습 나인부터 시작해 30년에서 35년이 걸렸습니다. 나인은 상궁 밑에 있는 궁녀로 상궁의 업무를

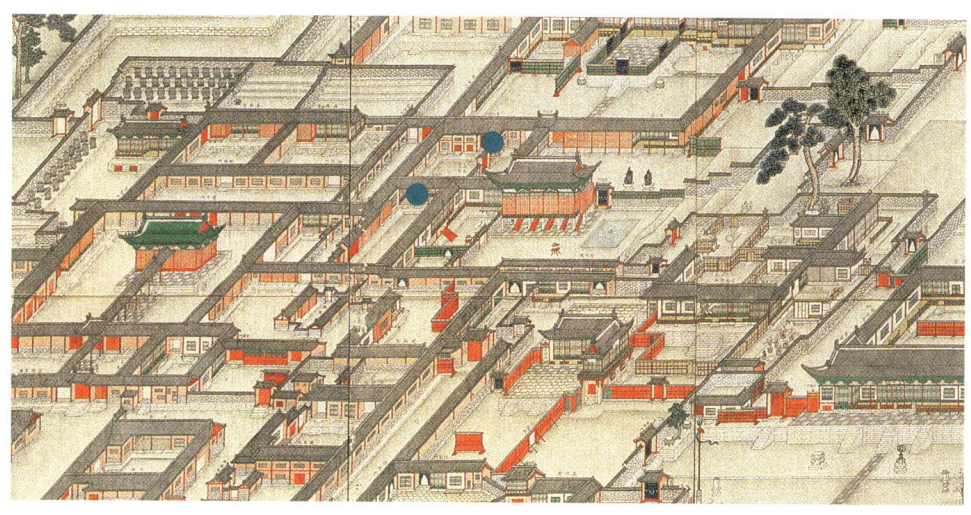

■ **동궐도의 일부**
동궐의 후원 주합루를 그린 그림. 표시된 부분이 식사를 담당하던 내·외 소주방이다. 소주방 근처에 장독대도 보인다.

보조하는 일을 했으며, 15년 정도 궁녀로서의 기본 소양을 익혀야 될 수 있었습니다. 무수리는 궁궐의 각 처소에서 막일을 담당했습니다. 각심이는 상궁이 자신의 처소에서 가정부처럼 부리던 궁녀입니다.

최고의 자리에 오른 궁녀들

궁녀는 4세의 어린 나이에 궁궐에 들어와 병이 들 때까지 궁궐을 나갈 수가 없었습니다. 그렇기 때문에 궁녀들의 가장 큰 바람은 왕의 승은을 입는 것이었습니다. 왕의 눈에 띄어 왕자를 낳게 되면 후궁의 자리에도 오르고 권력도 쥘 수 있었기 때문입니다. 영조의 어머니인 숙빈 최씨는 궁녀 중에서도 가장 신분이 낮은 무수리였고, 경종의 어머니이면서 중전의 자리에도 잠시 올랐던 희빈 장씨도 궁녀 출신입니다.

궐내 각사를 움직이는 관리들

궁궐에는 왕과 왕의 가족들이 생활하는 건물뿐만 아니라 나랏일을 맡아 하던 여러 관청들이 있었습니다.
조선 시대에는 왕의 비서실인 승정원, 왕실의 도서관인 규장각, 왕과 왕족들의 병원인 내의원,
대궐의 경비를 책임지던 도총부, 궐내 청소를 담당하는 전연사 등 30여 개의 궐내 각사가 있었습니다.
그리고 그만큼 일하는 관리자의 수도 많았습니다.

이조 전랑 | 관리들의 승진은 내 손안에 있다

이조 전랑은 관리들의 인사 문제를 담당하는 이조에 소속된 관리입니다. 주로 문관들의 인사 문제를 다루는데, 관직에 가장 알맞은 인물을 다른 관리들과 의논해서 정하는 일을 했습니다. 이조 전랑은 정청이라는 관청에서 근무했으며, 새롭게 관리를 뽑아야 할 때만 궁궐로 출근했습니다.

정언 | 왕의 잘못도 그냥 두지 않는다

정언은 사간원에 소속된 관리입니다. 정언은 왕의 잘못된 행동이나 말을 비판하고, 관리들의 잘못을 지적하여 고발하는 일을 했습니다. 따라서 직책은 낮았지만 왕이나 관리들도 쉽게 대할 수 없었습니다. 정언들은 대청이라는 곳에서 근무했으며, 아침 일찍 출근했다가 저녁 늦게 퇴근했습니다.

교리 | 왕과 함께 공부한다

교리는 궁중의 경서를 관리하는 홍문관에 소속된 관리입니다. 교리는 경전과 역사 등을 공부하고 그 내용으로 왕과 토론을 했습니다. 토론은 매일 세 차례씩 왕의 식사 시간 뒤에 이루어졌는데, 건너뛰는 경우도 많았습니다. 교리는 아침 일찍부터 저녁까지 궁궐에 있었으며 때로는 밤을 새우기도 했습니다.

승지 | 왕의 비서

승지는 왕실의 비서실인 승정원 소속의 관리입니다. 승지는 모두 6명인데, 관리들이 올리는 보고 문서를 왕에게 전달하고 왕의 명령을 관리들에게 전달하는 일을 했습니다. 비서처럼 늘 왕을 가까이에서 모셨습니다. 아침 일찍 궁궐에 출근하고 저녁에 퇴근했는데, 밤에는 두 명씩 숙직을 섰습니다.

환관 | 왕의 손과 발이 된다

환관은 내시부에 소속된 관리입니다. 환관은 궁녀들과 함께 왕과 왕실 사람들의 모든 생활을 도와 주는 일을 했습니다. 보통 궁궐을 청소하거나 궁궐 문을 지키고 음식물을 감독하는 등 남성 노동력이 필요한 궁궐의 일들을 담당했습니다. 궁궐에는 환관이 140명 가량 있었으며, 자질을 높이기 위해 《소학》, 《삼강행실》 등의 교육을 받고 매달 시험을 치렀습니다.

의원 | 왕과 왕실의 건강을 책임진다

왕실의 병원인 내의원에 소속된 관리입니다. 의원들은 왕실 사람들의 건강을 책임지는 사람들로, 왕이나 왕의 가족이 병이 나면 이를 치료하는 일을 담당했습니다. 내의원에는 간호사 구실을 하는 의녀와 약재를 다루는 종약서원 등이 있었습니다.

어린이 조선왕조실록 2

1판 1쇄 인쇄 | 2006. 12. 26
1판 19쇄 발행 | 2022. 8. 1

어린이 조선왕조실록 편찬위원회 글 | 전병준 그림 | 한국역사연구회 추천 및 감수

발행처 김영사 | 발행인 고세규
사진제공 고려대학교박물관 국립중앙박물관
등록번호 제 406-2003-036호
등록일자 1979. 5. 17.
주소 경기도 파주시 문발로 197(우·10881)
전화 마케팅부 031-955-3100 편집부 031-955-3113~20
팩스 031-955-3111

ⓒ 2006 김영사
이 책의 저작권은 김영사에게 있습니다.
서면에 의한 김영사의 허락 없이 내용의 일부를 인용하거나 발췌하는 것을 금합니다.

값은 표지에 있습니다.
ISBN 978-89-349-2283-4 74900

좋은 독자가 좋은 책을 만듭니다.
김영사는 독자 여러분의 의견에 항상 귀 기울이고 있습니다.
전자우편 book@gimmyoung.com | 홈페이지 www.gimmyoungjr.com

어린이제품 안전특별법에 의한 표시사항

제품명 도서 제조년월일 2022년 8월 1일 제조사명 김영사 주소 10881 경기도 파주시 문발로 197
전화번호 031-955-3100 제조국명 대한민국 ⚠주의 책 모서리에 찍히거나 책장에 베이지 않게 조심하세요.